監修者——佐藤次高／木村靖二／岸本美緒

［カバー表写真］
安徽省黟県西逓村の古集落

［カバー裏写真］
老党員のスケッチ
（『農民日報』より）

［扉写真］
北京郊外での地主への闘争集会
（1950年ころ）

世界史リブレット124

二十世紀中国の革命と農村

Tahara Fumiki
田原史起

目次

農村リーダーから「革命」をみる

この小さな書物では、二十世紀を中心に約一〇〇年間のスパンをもって、「中国における革命と農村の関係」を再検討することになっている。本書の頁を開いてくれた読者は、「革命」ないしは「農村」というキーワードのどちらかに導かれて書棚に手を伸ばしたのだと想像する。しかし、少し残念なことに、こんにち中国「農村」を舞台とした「革命」を研究課題として正面から取り組んでいる研究者というものは非常に少ない。ましてやそれが一つの研究分野として確立しているわけでもない。

第一に、われわれにとって「革命」は遠い存在になりつつある。戦後の一時期の中国研究は、ほとんど「革命」あるいは「社会主義建設」の研究と同義であった。思い切って要約してしまえば、これらの研究の関心は、「共産党はなにを考え、どう行動したか」そしてその結果「なぜ国民党に勝利したか」を解明することであった。現在、中国研究者はおよそ現状分析か歴史研究のどちらかに従事しているが、現状分析をおこなう人びとにとって、革命はすでに「現状」ではないし、歴史家にとっても共産党の革命は、中華民国史などと比べても、研究意欲をそそるトレンディなテーマではなくなっている。

第二に、「農村」も遠くなりつつある。周知のように、中国革命は「農村が都市を囲い込む▲」革命であり、ロシア革命が都市の産業労働者を主体とした革命だったのとは趣を異にしていた。このため中国革命の研究は必然的に農村研究の要素を多く含むことになった。またもう一つの側面として、戦後の日本の中国研究者のなかにはまだ農村的背景をもつ人びとが多く、「農村的世界」にある程度のシンパシーと感性的理解、および無意識のうちに日本農村との比較の視点を導入して研究を進めたものと思われる。ところが一九八〇年代以降、中国の改革開放は発展の重心を都市部に移し、研究者はめまぐるしく変化する新しい中国の変化を追いかけることに研究の重点を移していった。同時に、と

▼**農村が都市を囲い込む**　毛沢東の『中国の赤色政権はなぜ存在することができるのか』(一九二八年)や『中国革命と中国共産党』(三九年)など一連の著作に示された中国共産党の革命にたいする基本的な考え方。中国革命の敵は強大で長期にわたり都市部を占領しているが、広大な農村部は敵の支配の手薄な部分であるから、プロレタリアはまず農村を占領し、革命根拠地を築いたのちに、中心都市を奪取して全国的勝利をおさめるのだと述べている。

くに若い研究者の場合は日本国内の農村的世界にも縁が薄くなり、都市で生まれ育った多くの研究者にとって、農村世界は「近づきがたく」かつ「地味な」対象となっているのである。

他方で、農村研究には促進的な環境も生まれている。中国でのフィールド調査の解禁にともない、農村現地での聞き取りや資料収集にもとづいて議論を展開する日本や欧米の研究者があらわれてきたのである。とりわけ近年の中国政府の農村問題の重視と、それに後押しされた中国人研究者の手による国内農村調査の進展とデータの蓄積にはめざましいものがある。そのなかには革命研究にとり有益なミクロ・データも少なからず含まれている。

「農村革命」の研究が低調となっているもう一つの原因は、「革命」というものが比較的狭く、政治革命のレベルでとらえてきたからだと思われる。すなわち、一九四九年の中華人民共和国の成立を画期とする共産党による政権奪取と、政権奪取の活動に連動して早くは一九二〇年代から、最終的には五〇年代初期に各地で実施された土地革命による旧来の農村権力構造の転覆などを「革命」ととらえると、それはもうあらかた研究しつくされ手垢にまみれた主題のよう

山東省C村の「揚水站」 労働力を供出した村（生産大隊）の名前が記されている（右写真）。左は貯水池。

にもみえる。

しかし「農村革命」をもっと広くとらえて、伝統的農村社会から生起し、その後の農村社会を変革していった、長期にわたる一つの「社会革命」の過程としてみればどうだろうか。つまり、共産党の革命を、伝統農村の内部から発生し、二十世紀中盤の政治革命としての顕在化の時期をへて、二十一世紀初頭の今、なお農村において継続中のものとしてとらえなおしてみるのである。

実際に中国の村々を歩き回ってみると、「革命の遺産」にしばしば出会う。例えば山東省のある村のはずれには、一見みすぼらしい貯水池がある。これは一九六八年に近隣の村々が連合して建造したものであり、そこから揚水ポンプで引き上げられた水は、のちに敷設された地下パイプをつたって丘陵地のリンゴ畑に吸い上げられる。リンゴの収入は村のほとんどすべての農家の家計の一部を占めているから、彼らの現在の生活は貯水池にかかっているともいえるわけである。こうした光景をまのあたりにするたび、ある種の感慨を覚えざるを得ない。もしもこの貯水池が過去に村民の手で造り上げられていなかったら、現在の彼らの生活はどうなっていただろうか。また、もしも人民公社のような高度な動員能力をもつ組織が過去になかったら、こうした水利施設はつくりえただろうか。さらに、もしも中国農村が革命という歴史を経験しなかったら、人民公社のような高度な組織化は可能だったろうか。

過去につくられた水利施設は有形の革命「遺産」であるが、執政党である中国共産党が農村に向き合うさいの「態度」などは、無形の革命「遺産」として、共産党の農村政策の端々に見え隠れする。こんにちの中国農村の姿には、まちがいなく革命的過去が色濃く織り込まれている。この本が二十世紀一〇〇年のタイム・スパンを設定しているのは、以上のような仮定にもとづいている。

本書は、これまで研究されてきたマクロな政治史的革命研究と、現地調査にもとづくミクロな生活史研究の蓄積のうえに立って、両者のあいだを橋渡しするような、「中間レベル」から再整理をおこなう。具体的にいうと、官僚や革命組織者と末端の農民とのあいだに位置する「農村リーダー」を叙述の中心にすえる。彼らがどのような国家＝社会の環境下におかれ、一〇〇年のあいだにどのように変遷してきたのかをながめていく。農村リーダーは各時代にあって、「郷紳《きょうしん》」（一一二頁参照）であったり、「基層幹部▲」であったりと、異なる名称やポ

▼**基層幹部**　「幹部」とは中国の地域社会や職場組織においてフォーマルな地位を与えられた指導者層のことで、一般大衆（群衆）と対をなす概念である。幹部は共産党員である場合が多いが、非党員の幹部も少なくない。とくに「基層幹部」とは、日常的に一般大衆と接触しながら仕事をする幹部を指す。具体的には郷・鎮レベル以下、とくに村レベルの幹部を指すことが多い。

ストを与えられた社会実体であったが、つぎのような共通の位置づけをもっていた。

(1)国家であれ、また革命の組織者であれ、既存の農村リーダーとどのように接するか、あるいはどのような新リーダーを養成していくかということは、自己の目的達成の成否を分ける極めて重要な問題だった。

(2)農民の側からみれば、どのようなリーダーを自らの代表として冠しているかは、国家や革命組織者にどのように向き合うか——協力、反乱、密やかな抵抗、無関心など——という態度の決定に直結していた。

(3)農村リーダー自身にとってみれば、リーダーたることは、国家の権威や上級権力との結びつきを実感すること、住民のあいだでの栄誉を獲得することが自らの「自己実現」すなわち喜びであったとともに、とくに近代以降にあっては、上下の要求の板挟みとなって苦しむ根源でもあった。

マクロとミクロの研究成果はともに、自覚的に「農村リーダー」を取り上げてきたわけではなかった。本書では両者の成果を統合しつつ、新しい地平から、今なお継続中の中国農村革命をながめわたしてみる。

①—革命前夜のゆるやかな農村統治

社会階級としての「官」

中国革命はマルクス主義理論で武装した共産党が率いたのだから、経済的基準による階級分析が適用され、「地主階級」や「資本家階級」が革命によって倒されたのだと考えるかもしれない。しかし、実際に革命が覆そうとした対象は、一つの社会階級としての「官」と、官の伝統であった。明治維新以来の日本の官僚やヴァイマル共和国以前のドイツの官僚のように非人格的な官僚群、官僚組織を指すだけの「オフィシャルダム」や「ビューロクラシー」とは異なり、中国では官僚が一つの「社会階級」を構成していた。これはかつて橘樸《たちばなしらき》▲の主張したところである。実際に農民、一般庶民の恨みを買っていたのは、経済的階級としての地主や資本家のカテゴリーよりは、「官」そのものであった。

革命以前の中国で、「官」の存在と密接にからんでいたのが、官吏登用試験としての科挙《かきょ》▲である。科挙の特徴は、職務上、直接に必要な実務能力を試すものではなく、四書五経の本文解釈や詩作など、儒学を中心とした教養試験だっ

▼**橘樸**（一八八一～一九四五）　戦前から戦中にかけて活躍したジャーナリスト。一九〇六年に渡中、『京津日日新聞』などの主筆を務め、二四年『月刊支那研究』を創刊。思想・社会・政治・経済など総合的に中国を研究し、おりから始まった中国国民革命にも理解を寄せ、中国社会論、革命論の分野で先駆的業績を残した。二五年満鉄嘱託となり、三一年『満州評論』を創刊するが、直後に勃発した満州事変を期に方向転換、関東軍の行動を支持、王道論を唱え、満州国樹立を理論面から支援した。

▼**科挙**　隋から清末まで一三〇〇年ほどにわたって採用された高等官登用制度。公平な実力試験によって広く人材を挙用することをめざし、経学・文学の才能や学力を試す問題が重視された。

たことである。こうした教養試験が生み出したのは、行政能力に富んだ専門官僚ではなく、古典の知識を頭いっぱいに詰め込んだ素人行政官である。「官」として仕えるために、まず読書人(士大夫《したいふ》)たれということだが、なぜこういうことになったのだろうか。それは当時の中国で、官僚に必要な資質と目されたものが、実務的技術ではなく、道徳的能力・全人格的優越性だったからである。科挙に合格することは、合格者の人格的優越性の公的な認知を意味していた。法律の条文を知悉しているとか徴税上の複雑な計算をこなすとかの技能はむしろ役所の事務員たる胥吏《しょり》▲や幕友《ばくゆう》▲の要件であった。

　読書人はいったん学問を学びはじめた以上、基本的には中央に直結しようとし、官僚として仕えることを大きな目標とする。農村に住む庶民の側からみたとき、今風にいえば彼らにとっての「自己実現」とは、本人あるいはその子弟が学問をおさめて、科挙に合格し、「官」として仕えるという目標にあった。このことは、ひいては自分の家をもりたて、一族を繁栄させ、地域社会において名を残すことにつながる。「官」として栄達をとげること、官位に付随して転がり込む利益をものにしたいという願い、それらが人びとを突き動かしてき

▼胥吏　清代以前、中央政府の各部局、地方衙門(がもん、役所)の要所には科挙に合格した官員を任命するが、その下の実務にたずさわる職員は民間の希望者を募って充当した。その地位は庶民のままで、俸給がつかないのが原則であったため、賄賂と区別のつかない手数料をとって人びとを苦しめた。

▼幕友　宋代以降、胥吏の専権を抑えるために地方長官がかかえるようになった私設顧問。科挙の受験を途中であきらめた現地の読書人が雇われ、法律や経済などの分野で長官に助言をおこなった。

進士たち　科挙廃止後、四半世紀をへた民国二一（一九二五）年当時、まだ存命していた進士を集めて一大集会が開かれたさいの記念撮影。

た原動力だったといってもよい。科挙システムをつうじてはぐくまれたこのような「官本位」の考え方は、中国のように巨大な国家を一つに統合する人材登用のための心理的・思想的基盤を提供していた。

橘樸の述べるところでは、いったん「官」としてのポストを手にいれた者は、自身の面子《めんつ》を誇示し、あるいは擁護するために恐ろしく残酷なあるいは貪欲な行為をあえてするという。たとえばある官吏が朝廷または上官に対して彼らの面子を維持するためには、相手方の冠婚葬祭であるとかあるいは節日その他の祝い事がある場合にかなり高価な珍品を差し出すことが下僚官吏の一種の義務となっている。それを正直に自身のポケットから出したのでは第一に惜しいばかりでなく、同輩や下僚に聞かれても意気地無しらしく見えて体裁が悪い。それで臨時に人民から巻き揚げ、彼等の泣き叫ぶ声を聞きつつ涼しい顔で上官への義理を済ますという（『支那社会研究』）。

当然ながら、庶民は、官と接触することを極力避けた。それは、「政治は生活と没交渉なものであり、交渉があるとしても其れは租税其の他の形で官吏が人民から金銭を搾り取る手段に過ぎない、従つて我々は出来る限り政治に接触することを避け、其れから受ける損害を最小限度に局限せねばならぬ」(同)という至極もっともな理由からであった。庶民にとって官との接触というものは、水害、干害、イナゴの害などと同列の「自然災害」の一つとしてとらえられてもいたのである。

郷紳の保護的リーダーシップ

さて中国の地方政治や農村統治について知ろうとするとき、「県」という単位の重要性はいくら強調しても足りないくらいである。伝統的な国家支配機構の末端は県であり、官僚制のパイプは県の衙門《がもん》(役所)でとまっていた。衙門があるのは県の中心地である「県城」であり、それ以外は基本的にすべて農村である。農村部の商業的中心地として集鎮《しゅうちん》▲があるが、城壁でかこまれていないので「都市」とはいえない。

いずれにせよ、県は国家を代表する「官」が派遣される最末端の単位であった。理屈からいえば、平均して十万から数十万人にものぼる県民の行政、司法、民政、公安、福祉、防衛、教育、文化、儀式の各領域の管轄が、一人の知県の

▼**集鎮**　「集」とは周囲の農民が日用品の交易をおこなう定期市が立つ集落を指し、「鎮」とはさらに交易量が増加して毎日市となり、固定店舗を多くかかまえる集落に発展したものを指す。

肩にのしかかっていたことになる。加えて、▲回避制や不久任制《ふきゅうにんせい》▲によって、知県は土着社会に根を張ることが難しいシステムとなっていたので、現地の方言もしゃべれず、民衆のなかにネットワークをもたない知県がなすことのできる仕事は、当然ながら非常に限られていた。民衆は文字も読めず、組織されていないので、役人が農村世界に踏み込んで、日常生活をコントロールするなどということは不可能であった。こうした伝統中国の農村統治は、近代国家のそれに比較してはるかに粗放的で、実質的には最低限の徴税と治安維持を除いては「なにもなさない政治」(無為政治)に近かった。

中央集権国家としての中国には、水ももらさぬような、社会の隅々にまでいきわたる厳格な統治のイメージがあるかもしれない。たしかに建前としては、皇帝権力というのは「天」の命を受け、官僚を用いて全国の人民を統治しているのだから、絶対に否定してはならない存在である。にもかかわらず、というよりはだからこそ、実際の農村統治は、民間の自然的秩序に依存した、ゆるやかな管理であった。「ゆるやか」というのは、国家は社会の細かいところについては口を出さず、ほうっておく、というようなあり方である。国家と社会が

▼回避制　縁故主義の発生を防ぐため、官僚が自らの出身地で任官することを禁じた制度。

▼不久任制　長期在任によって官僚が現地でネットワークを築くことによる縁故主義が発生するのを防ぐため、在任期間を限定した制度。

それぞれ分離して独立していたという考え方▲もできるわけである。

もっとも、国家と社会が分離したようにみえるゆるやかな統治が可能であったのは、じつは国家と社会のつなぎ目に、県の役人と県の人口の大部分を占める農民のあいだに立ち、中央集権的官僚制が引き起こす「災害」を防止・緩和し、ガス抜きをしつつ、地域社会をゆったりと、とりまとめる人びとがいたからである。それが科挙の資格保有者▲でありながら種々の理由で任官せず、郷里に滞留していた「郷紳《きょうしん》」▲たちである。

「郷紳」の存在が農村リーダーとして顕著になってきたのはなぜか。その一つの要因は、科挙を突破して、実際に任官できる希望をかなえられる者が非常に少なかったことである。明《みん》末清《しん》初、全国の生員《せいいん》の数は約五〇万人と見積もられた。一県当たりになおすと、約二五〇人である。他方で、究極の目標である進士《しんし》の枠は三年に一度の試験で二〇〇～三〇〇人程度である。かりに進士が合格後、平均して三〇年生きたとしても、全国の進士数は二〇〇〇～三〇〇〇人程度ということになる。十七世紀の中国人口は一億数千万人、その後十九世紀にいたる二世紀間に四億前後までふえたものの、科挙合格者の定数はあまり変

▼国家・社会分離論　内藤湖南（ないとうこなん）の『支那論』に代表される考え方で、国家的権力支配のおよぶ範囲とそのおよばない範囲とがはっきりと分離されてたがいに没交渉であるということを強調するもの。

▼科挙の有資格者　明清ころを基準にすれば、科挙試験には大きく分けて四段階があった。童試（学校試）は県レベルで実施される、府・州・県の学校入学のための試験で合格者は「生員」（通称「秀才」）と呼ばれる。郷試は三年に一度、省都で実施される試験で合格者は「挙人」である。会試はやはり三年に一度、首都で実施される試験で、最後の関門である殿試に合格すると「進士」となる。

▼郷紳　「郷紳」という呼び方は、宋代に遡ることができる。豊かな江南へ政権が南遷した南宋期、江南の土地所有者が郷紳拡大の要因となった。しかし、郷紳が重要な役割をはたしはじめたのは明代からで、明清時代では、現職・退職の官僚を郷里において郷紳と呼んだ。

化しなかった。地方社会には、科挙資格をもちながらもいまだ任官しない生員・挙人《きょじん》たちが大量に滞留し、退職したもと官僚たちとともに地方に沈殿し、時を過ごすようになった。

さて図式的にいうと、県と末端社会のあいだには、建前としての皇帝の絶対的権力を代表した官僚が、上意下達のために胥吏、郷約《きょうやく》▲などを手下として厳格に政策を執行しようとする公式的なルートがある。一方でそれに並行して、実態としてのゆるやかな支配を代表する下意上達のための非公式的なルートが存在し、そのつなぎ目には実際の農村リーダーとしての郷紳が存在したことになる（一四頁図参照）。こうしたあり方を、費孝通《ひこうつう》▲は「双軌政治」と呼んでいる（「郷土重建」『費孝通文集』第四巻）。

まず上意下達のための胥吏・郷約などフォーマルな軌道については、皇帝権力の代表としての知県が徴税、訴訟のみに関与したとすれば、実際の行政業務と政令の伝達を担当していたのは、衙門の胥吏であった。胥吏は統治者を代表して直接人民と接触するが、彼らの社会的地位は非常に低いものであり、世間で冷やかしの対象とされるのみならず、統治者にもかろんじられた。衙門の胥

▼郷約　明代に王陽明（おうようめい）が江西で実施した「南贛（なんかん）郷約」がよく知られているように、本来は民間社会の教化を目的とする団体ないしはその規約を指すが、ここでは団体の代表である「約正」を指している。

▼費孝通（一九一〇〜二〇〇五）　中国社会学、社会人類学の確立に大きな役割をはたした知識人。農村社会の研究には“Peasant Life in China”（『江村経済』）や「郷土中国」、また「皇権与紳権」などがある。

「双軌政治」の概念図

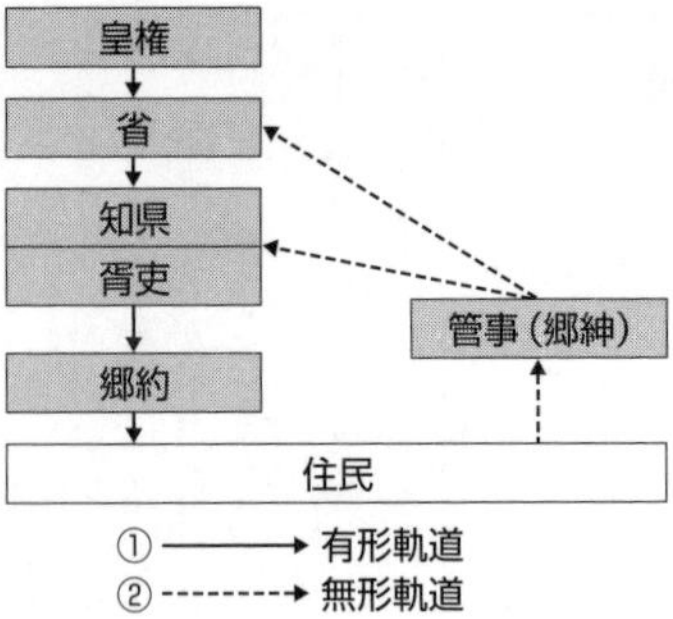

吏が命令をたずさえてくると、農村の側でこれに対処するのは、郷約と呼ばれる役職者である。郷約は苦労ばかりでえるところの少ない役職であり、庶民によって輪番で担われている。

こうして公式的ルートをとおっておりてきた、トップ・ダウンの命令、例えば臨時の資金徴収などは、農民にとっては「厄災」であり、避けられるものならば避けたいところである。郷約は衙門の命令を受け取ったあと、地元の郷紳に指示をあおぐ。郷紳が地元利益保護の立場からこれを受け入れられないという意向であれば、拒否することになる。しかし、伝統的な政治にあっては、下から上への政治的軌道は公然と姿をあらわすことは許されなかった。上からの命令に意見することは、すなわち罪であるとみなされたためである。そこで郷約は「命令に背いた」ことになり、差人《さじん》(使いの者)によって衙門に送られ、処罰を受けたり、身柄を拘束されたりする。しかしこうして罰則が郷約に与えられることで、皇帝権力の面子は傷つかずにすむ。この点が重要である。

郷紳による非公式的ルートをつうじた、下意上達のための政治活動がここで開始される。地方の郷紳は自らの紳士としての地位を活かし、私的な身分で地

●—**郷紳の「公共事業」**(その一)　写真は民国一四(一九二五)年ころの江蘇省秋浦県の郷紳たちで、資金を出し合って文廟を再建したさいの記念撮影。近代化開始後の郷紳の存在形態はさまざまであるが、郷里の廟の修復は伝統的な「公共事業」であり、儒教の教養と学識をもって地域社会に名を残そうとする旧来の郷紳の行動様式をよくあらわしている。

●—**郷紳の「公共事業」**(その二)　王朝政府は科挙を実施するのみで、教育事業は民間に委ねられていた。地域の郷紳の経営する私塾は、伝統的な教育事業の中核を担った。

方官と渡りをつけることに意欲満々である。それでも協議が成立しなければ、郷紳は顔の広さを活かし、自らの親戚や友人を頼って地方官の上司に接触して交渉する。そこで理不尽な命令は修正され、郷約も農村にもどってくることができるのである。農村統治において郷紳をつうじた「裏口」が存在したことは大事である。一見すると強大な中央集権国家であるが、裏口を黙認したおかげでかえって地方の実情にあった柔軟な、風通しのよい統治が実現されていたといってよい。

「双軌政治」は二つのルートがたがいにまじわらない政治である。建前としてのトップ・ダウンの皇帝の権威を立てつつ、裏口で調整をおこなうのであって、地方の郷紳は官の手下たる胥吏や差人と直接やりとりすることはありえない。もしそうであれば、郷紳は行政機構の一部としてフォーマルな軌道の一構成員であることになり、上に従属することで、下意上達の役割をもたなくなってしまうからである。第一、郷紳にとって胥吏や差人などのレベルの低い連中を相手にすることは、自分たちを安売りするようなものである。郷紳は社会的地位を有し、地域社会を代表して、非公式なルートで衙門に出入りすることができ、命令変更の権限をもつ官僚と直接交渉できる。「郷紳らしさ」——態度、物腰や話し方、風采などを含めた「煩瑣《はんさ》な階級的シンボル」によりかもしだされる一種の雰囲気——は、彼らが官と同じ「社会階級」に属することを示す文化的権威の表象であった。

すでに明らかなように、「郷紳」は農村リーダーではあっても、官僚組織内部の支配者ではない。むしろ官僚組織のヒエラルキーに組み込まれていないがゆえの自由さと、在地に張りめぐらされたネットワークこそが郷紳の強みであった。もっとも、科挙のランクや在任時の官職の高さなどによって、彼らの活動・発言力の範囲は大小さまざまであり、全省範囲で発言力をもつ省紳《しょうしん》、一県範囲で発言力を有する県紳《けんしん》、それ以下の邑紳《ゆうしん》などに分かれた。しかし郷紳の影響力のおよぶ領域は、県や村などの行政区画や行政組織、つまり器としての国家権力とはひとまず無関係で、地理的・行政的範囲の限定を受けることがないのがその「自由さ」の背景であった。これが現代の「幹部」との大きな違いである。

郷紳が民間において活躍しているという事実は、徴税、賦役《ふえき》などにおける社会の余剰価値を引き出し、社会秩序と治安を維持し、国家の公的な規範である儒教を普及させることにおいて国家にとってはプラスの役割をはたすが、ときとして、政府の浸食から地方の利益を守るために自ら投資して農民を武装蜂起させることもあった。また郷紳の家族は納税における各種の優遇や、あらゆる徭役《ようえき》の免除を認められていたため、この特権の対象範囲を遠い親族にまで拡大しようとする者もでてきた。だれかが科挙の試験に合格すると、自ら身を捧げて奴僕《ぬぼく》となったり(「投靠《とうこう》」)、財産を献ずる(「投献」)ことにより郷紳の身内となり、保護をえようとする者も多かった。不安定な時代であればあるほど、荒々しい外部からの侵食にたいし、民間の有力者たる郷紳の保護を求める風潮は強まった。

②—近代化の始動と郷紳

農村統治機構の拡張

近代化政策が始まると、それまでのゆるやかな農村統治ではまにあわない面がでてきた。政府主導で近代化を引っ張ろうとするさい、どうやってその資金を獲得するかが大問題となる。外資を導入するのでなければ、国内社会から資金調達をおこなうしかない。しかし、これまでのようにゆるやかな統治をやっていたのでは資金は集まらない。二十世紀の初頭、清末の新政▲と呼ばれる近代化政策の過程でこうしたジレンマが露呈することになった。

教育の近代化を例にとってみる。旧式の教育では、建物と教師がそろえばよいわけで、ほとんどの村に学校が存在していた。ところが新式教育の導入にあたって、建物、教師の給料、教科書などが必要となり、それに教育を管理する政府の機構が増設されねばならず、これらの人員を維持するコストがかさんだ。これに義和団事件▲の賠償金割当てが加わることで、一九〇〇年代には大変な増税となった。この当時、県衙門《がもん》の建物には、納税義務の不履行者が殴打される

▼清末の新政　二十世紀初頭の清朝政府が列強の圧力に屈しながら、自己保全のために実施した一連の改良政策。行政官庁の改組、軍事・教育の改革、産業の振興などを含むが、その眼目は、列強への賠償金で膨張した清朝の国家財政を満たすための徴税強化と軍隊・警察の改組・新設にあった。

▼義和団事件　一八九九年に「扶清滅洋(ふしんめつよう)」を唱えながら華北一帯に広がった反キリスト教暴動にたいし、列強の八カ国連合軍が出兵し鎮圧した事件。これにより総額四億五〇〇〇万両の賠償金が科された。

▼総督・巡撫　清代の地方最高長官。総督は数省の、巡撫は一省の民事・軍務をつかさどった。

音があふれていたと伝えられる。政府の近代化政策は不人気で、各地の不満を高めることになった。

近代化は郷紳《きょうしん》の立場をも変えていった。一九〇九年には、中央に資政院、各省に諮議局が設置される。これは、国会・省議会が成立するまでの暫定的な立法機関で、総督・巡撫《じゅんぶ》▲の諮問機関の位置づけであった。諮議局議員の選挙権・被選挙権をもつのは、従来の郷紳層であった。とくに省の範囲で影響力をもつ省紳は、積極的に立候補して諮議局議員となった。彼らの関心は、「自分たちのことは自分たちの手で」という精神のもとで、省の自治、利権の回収をめざすことだった。

他方、農村コミュニティ・レベルでは、新式教育を普及させるための学堂の創設、また自治公所・地方議事会が設けられると、農村に身をおいていた郷紳たちもこれらのポストを独占した。じつはこれは大事な点で、これまで慣習的にえられていたにすぎない郷紳たちの権威が法律的に保証されるかたちになったことを意味する。辛亥《しんがい》革命は、地域エリートが省レベルの公的ポストを獲得し、地域意識をめばえさせたことから勃発したものとも考えられる。

その後にあらわれた軍閥▲割拠状態を克服しようとした国民革命をへて、一九二八年に全国を統一した南京《ナンキン》国民政府は、さらに効果的な農村掌握の方法を模索しつづけた。農村掌握の野望は、必然的に県およびそれ以下の農村部に、区・郷鎮《きょうちん》・保《ほ》・甲《こう》などの公式的な常設機構を設置するかたちとなってあらわれた。国民政府が当初、雛形として採用したのが、山西《さんせい》の閻錫山《えんしゃくざん》▲が一七年以来、実行していた「区村制度」であった。同制度の主旨は、県以下のレベルに(1)「区」(一県につき三〜六個)、(2)「村」(一〇〇世帯あるいは自然村に相当)、(3)「閭《りょ》」(五鄰で構成)、(4)「鄰《りん》」(五世帯で構成)の四級からなる行政単位を設けるというものだった。二七年には江蘇《こうそ》省民政庁が山西の「区村制度」を導入したのを皮切りに、二八年からは二九年にかけて数々の条例が出された。例えば二八年九月公布の「県組織法」では、「区村制度」で採用されていた区長の回避制を修正し、「地方自治」の理念にそって区民が区長を選挙で選ぶものとされた。

ところが一九三一年七月、江西《こうせい》省四三県において区‐村‐閭‐鄰の「自治組織」は廃止され、かわって「保甲制度▲」が導入された。保甲制度は「戸」を単位として一〇戸を一甲、一〇甲を一保として、共産党勢力の拡大を警戒しつつ

▼軍閥　清末から中華民国期にかけ、軍事力を基盤として中央政治、地方政治に影響力をおよぼした実力者を指す。なかでも北洋軍閥を背景とした袁世凱(えんせいがい)は強大で、その死後は段祺瑞(だんきずい)の安徽(あんき)派、馮国璋(ふうこくしょう)、呉佩孚(ごはいふ)らの直隷(ちょくれい)派に分裂、奉天派の張作霖(ちょうさくりん)、山西派の閻錫山などもまじえて安直戦争、奉直戦争など幾多の戦争を展開した。

▼閻錫山(一八八三〜一九六〇)　山西省五台県出身で民国期に「山西モンロー主義」を唱えて山西省内の実業や教育の振興を目指した開明的軍閥・政治家。

▼保甲制度　中国に古来、存在している戸数単位の郷村組織の一類型で、徴税を目的とした里甲制にたいし、治安維持を目的とした代表的な組織である。北宋の王安石(おうあんせき)考案のものに始まり、清代にも実行された。

監視をおこなわせるための連帯責任組織で、完全に上からの農村管理の発想にもとづいたものであった。同年十二月にはこれを江西全省に拡大、三二年八月の「剿共《そうきょう》区内各県編査保甲戸口条例」以降は、湖北《こほく》、河南《かなん》、安徽《あんき》の各省に、さらに三四年十一月には全国に拡大された。国民政府の一〇年間の農村統治経験の集大成と目される一九四〇年の「新県制」は、基層行政人員の拡充と権限の拡大により、強制力を伴いながら農村をコントロールしようとするものであった。

以上のプロセスは、県以下に新しく設置する組織を、民衆の参加を前提とした「自治組織」とするか県政府の出先機関としての「官僚組織」とするかという位置付けをめぐって揺れ動いていたといえる。現在の諸研究は、当初の国民政府の「自治」組織としての理念が挫折し、純然たる官僚機構に変質していったものとしてこの間の動きをとらえている。しかしどちらにせよ国家によって公に承認された「官」としてのポストが県より下の、生活に密着したレベルに多く設置され、その数が飛躍的に増大することを意味した。農村リーダーシップの観点からすれば、この単純な事実のほうがより重要である。

▼劉大鵬（一八五七〜一九四二）　山西省太原県生まれ。清末の挙人。著書の『退想斎日記』は同時期における山西基層社会の動きや地方エリートの主観を映し出す材料として貴重なものである。

郷紳の分化と革命

少し時代が戻るが、一九〇四年、科挙《かきょ》の廃止が決定された。『退想斎《たいそうさい》日記』の著者として知られる山西省の郷紳、劉大鵬《りゅうたいほう》▲は、このニュースを耳にした日、「頭の中が灰のように真っ白になった」とその日記に綴っている。郷紳らは科挙システムをつうじた「学而優則仕」（学びて優なれば則ち仕う）の栄達ルート途中までのぼりかけたところで、突如、梯子《はしご》を外され、その知的・人格的高尚さを証明する拠り所を失ったのである。

他方で、農村における統治機構は近代化政策の進展と歩を同じくして拡張され、任官の機会自体は増加していった。さらに、それぞれのポストは、かつての科挙官僚が徴税と裁判以外は「なにもしない」統治をおこなったのに比べると、近代化プログラムの実施にともなう実利がともなっていた。高官の地位をめざす場合は別として、県程度の範囲で「官」となるのに、かならずしも長期間の学問的訓練をへる必要もなくなったようにみえた。近代化のもたらしたこうした変化が、旧郷紳を含めた農村リーダーたちに戸惑いを与え、その結果、さまざまな身の処し方の選択肢が目の前に提示されることになった。

前述のとおり、一九三〇年代には農村基層社会の管理のために保甲制度が導入され、政治的伝達ルートが各世帯にまで伸びてきた。すると、郷紳がそれまで担ってきた役割は新しい機構によって回収されることになった。例えば、もめ事が発生したさいの調停は郷紳の重要な仕事であったが、これが鎮政府の「人民紛糾委員会」が執りおこなうことになった。また農村の学校もそれまでは郷紳が主催していたが、新しい法令では保長が保公所(役場)会議主席と小学校長、自衛隊長を兼任し、小学教員は保公所の秘書を兼任するものとされた。実際、大部分の保長は、子弟に教育を与えられる余裕のある地主家庭の出身ではなく、なかには字さえも識《し》らない者もいた。つまり保長の地位は前出の「郷約」に相当する低いもので、郷紳はそのような品位のないポストにあまんずることはまずない。もしも郷紳が保長になれば、知県とも対等に渡り合うことのできたかつての立場は失われるからである。

大きな違いは、かつての郷約にはなんの権力もなかったのが、保長は国家機構の末端として、食糧の徴収、負担金の割当て、また徴兵の割当てなどの小さな権力を握っているという点である。つまり、地方の利益を代表するわけでもない小人物に地方の権力を握らせること、しかもそれが合法的な地方公務の執行者であり、地方の公的資金の管理権限を保有していること、こうした変化が地方社会に大きな戸惑いと混乱をもたらしていると、費孝通《ひこうつう》は同時代にあって警笛を鳴らしていた。

それでは旧来の郷紳はどうなったのだろうか。彼らの一部は県政府の諸部門や、区・郷鎮政府のポストを中核とする既得権益層を形成していった。彼らの背景は地主、商人、宗族《そうぞく》▲リーダーであり、同時に、政府内の新しいポストについていることが多い。個人あるいは世帯としてみればわからなくても、彼らのごく近い範囲にまで人間関係を広げてみれば、親や子、兄弟、もしくは妻や母親の実家やごく親しい友人のなかに、県政府や郷鎮政府に繋がりをもつ人間にゆきあたるのが常である。「尋烏《じんう》調査」▲にあらわれる潘明征《はんめいせい》は、田畑、家屋、山林、家畜、吉潭《きったん》(定期市の開かれる集落の名)に開いている薬局、雑貨店などの資産が三〇万元、田畑からの小作料は一万石▲で全県の郷紳の指導者であった。彼の長男の潘奕仁《えきじん》(秀才)が一九一七年ころに三年間、財政局長(地方財政)を務

▼宗族　共通の父兄祖先を祀る同姓の血縁集団であり、祭祀活動や教育事業など公共的事業のための共有財産を有することも多い。地域的にみれば、広東、福建など東南中国の農村では宗族が集住する「同族村落」が多く、華僑などの商業的ネットワークとも結びついて強大な宗族結合を示してきた。

▼「尋烏調査」　「興国調査」と同様、毛沢東が一九三〇年に江西省尋烏県出身の紅軍兵士を対象におこなった聞取りから、全県の政治社会経済状況をまとめたもの。とくに県城を中心とする全地主階級世帯の詳細なケース・スタディが特徴的である。

▼石　容積の単位で一〇〇リットルに相当。

めたことがあり、三男の藩夢春《むしゅん》は民国初年に県財政課長、二四年ころには全県の保衛団総公所長を務め、全県の実権は三男の手にあった（『毛沢東農村調査文集』）。県内有力者の地位をめぐる世代間の継承性の強さ、もっというと親と子の継承ラインを根拠にして、強固な「政権関係者」の地位集団を形成しているのは印象的である。子が成功すると、それに連動するようにして親の地位も引き上げられる。

当然、地方議員や地方政府官僚となるための派手な「関係づくり」が盛んにもなってくる。前出の劉大鵬はこうした世相の変化に批判的であり、「議員となるための選挙運動」と題する詩を書いて、食事への招待やおべっか使いにより票を獲得する行為を「恥知らず」なものとして嘆いている。清末の挙人である劉にとっては、民国政府の共和制の理念にもとづいた「選挙」の手続き自体が新奇で疑わしいものであった。民国の郷紳研究で知られる周栄徳《しゅうえいとく》の調査も興味深い。雲南《うんなん》省昆陽《こんよう》県の郷紳の一人、「王議長」の長男も、南京の中央政治学校をへて早稲田大学に留学して帰国し、雲南省政府の教育部門で勤めたのち、省政府役人らに洋食を振る舞うなど、大金をはたいてコネクションを築き、県

▼土匪　都市部の裏社会を活動の場とした「会党」と対照的に、農村部を中心に略奪をおこなった武装集団。辛亥革命後、官憲の力が弱まると権力の隙間をうめるように拡大した。食えなくなった農民や兵隊崩れがカリスマ的頭目を中心として集合離散し、メンバーシップは非常に流動的であった。

▼紅槍会　河南を中心とする華北農村の武装自衛団。国民党、共産党はともにこの組織の力に着目し、自らの影響下に取り込もうとした。

満州土匪の頭目

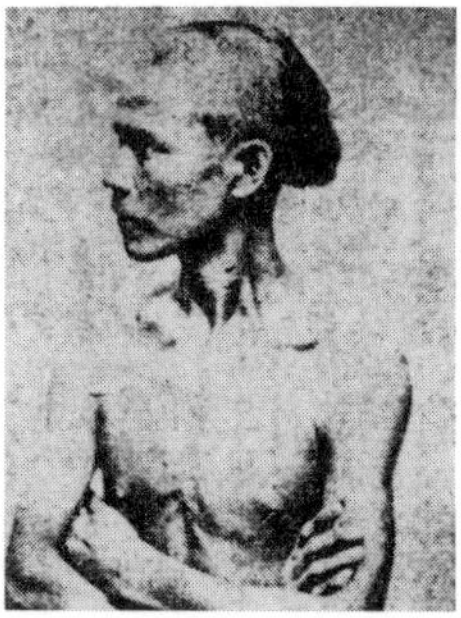

長のポストをかちとっている。周の聞取りによれば、県長になるためには最低でも三〇〇万ドルの資金が必要だが、王の長男は投資した資金を県長の座について半年で回収したという(Chow, *Social Mobility in China*)。

民国期においては、「官」の外側にあって、自由人として地域社会の利益を代弁する郷紳のリーダーシップはうすれていき、さまざまな官のポストにもぐり込んだ郷紳、つまり「官＝紳」という構図があらわれてきた。民国期は中央政府の統治能力が不安定で治安が悪く、農村リーダーにも暴力資源すなわち武力の要素が大きくかかわってこざるをえなかった。ある者は自己の財産・地位を守るため、武装集団である土匪《どひ》▲と結んで自己防衛をはかる場合があった。その場合は緊密なネットワークで結ばれた「官＝紳＝匪」の既得権益集団となった。逆に土匪出身のアウトローが政権と結びつくことで、地域社会の有力者となる場合さえ例外ではなかった。社会治安状況の不安定な地域では、匪賊討伐の役割を担った軍人出身者が新しいタイプの「郷紳」となりえた。また土匪の害から地域を防衛するために、地主・郷紳層が紅槍会《こうそうかい》▲などの自衛組織をつくる場合もあった。学問をおさめた「士大夫《したいふ》」のイメージは薄くなり、軍人、商人、そして匪賊などがネットワークを最大限に動員して官僚機構と結び、地域エリートとして台頭してきたのである。

じつのところ、共産党の革命運動の胎動も、このような旧農村リーダーの分化・多様化と無関係ではなかった。一九二一年七月、コミンテルン▲の働きかけにより李大釗《りたいしょう》▲や陳独秀《ちんどくしゅう》▲が中心となって上海《シャンハイ》で第一回党大会を開き、産声をあげた中国共産党は、当初は純粋な都市のインテリ集団といってよかった。社会との連携には欠けており、いわば孤立していたのは、当のコミンテルンさえも認めていた事実であった。社会との連携はまず、孫文《そんぶん》▲の国民党との連携をめざすことによって始められたが、この第一次国共合作▲は、北伐▲過程での共産党勢力の拡大を危惧した蒋介石《しょうかいせき》▲の反共クーデタにより破綻する。

共産党の活動の舞台は農村に移っていくが、つぎなる社会との連携は、県城を中心とする新式教育のシステムをつうじ、革命の主体となる人材をリクルートすることから着手された。学校という場が革命人材の供給にはたした役割は、決して看過できないものがある。とくに中等学校は、革命思潮と共産主義者のネックワーク形成にとって重要な場だった。郷紳の子弟が県城や省城の新式学

▼コミンテルン　共産主義インターナショナル(Communist International)の略称。一九一九年設立。ロシア共産党を中心に、各国共産党を支部として世界革命をめざした。

▼李大釗(一八八九〜一九二七)　中国のもっとも早期のマルクス主義者で共産党の創始者の一人。雑誌『新青年』の総編集を務め、ロシア十月革命後にマルクス主義を受け入れ、宣伝。共産党創設後、一九二四年にはコミンテルン第五回大会に参加、第一次国共合作の形成に道を開いた。

▼陳独秀　五四新文化運動の主導者、中国共産党の創始者の一人。党中央委員会総書記などを務めたが、国共合作の後期には「右傾投降主義の誤り」を犯したとして、一九二七年には総書記を解任、さらに二九年には党籍を剝奪された。

▼孫文(一八六六〜一九二五)　清末民国初期の革命指導者。一八九四年、ハワイで興中会を組織、一九〇五年には中国同盟会を結成。一二年、新しい中華民国の臨時大統領に選ばれたが、清末の大官僚袁世凱に政権を

校で学ぶと、革命的風潮の影響を受け、共産党にリクルートされていく。共産党指導者の多くが旧郷紳層の子弟であることは意外な事実である。

ここでふたたび「尋烏調査」を引いてみよう。共産党革命にたいする郷紳の姿勢は、彼らの新式教育にたいする態度と相関しているとされる。次頁の図はそれをまとめたもので、共産党の階級分析の立場を反映し、大・中・小それぞれの地主階級の特徴についてまとめてある。ポイントは、地主階級全体の八〇%を占める「小地主」にある。政治権力や経済的富、そして十全な安全対策に裏打ちされた大地主・中地主たちは概して保守的であるのにたいし、小地主の態度は、真っ二つである。つまり、旧来から地主であった「老税戸《ろうぜいこ》」と呼ばれる地主のなかでは経済的に下降しつつある者が多くを占めたが、彼らは没落の趨勢を逆転させうる新たな政治変化を切望するため、むしろ「革命」への志向性をもった。これにたいし、過去にはふつうの農民であったが、経済的に成り上がる途上にある「新発戸子」は、既存の体制のなかに自らの利益を見出そうとするため、革命運動にたいする頑迷な反対者となる。毛沢東は、「新発戸子」は悪性の高利貸し▲であり、農村ではもっとも悪辣《あくらつ》な敵対階級であるとみていた。

譲る。一九年、中華革命党を中国国民党に改称、二四年から国共合作による国民革命を志向したが、実現を見ぬうちに没した。

▼第一次国共合作　共産党員が国民党に入党するかたちをとり、国民党も全面的に改組して「ソ連との連携、共産党の受け容れ、労働者・農民の擁護」を三大政策とした。

▼北伐　一九二六～二七年にかけての国民革命軍による華北地域の軍閥政府打倒を目的とした遠征。

▼蔣介石(一八八七～一九七五)　軍人・政治家。一九〇七年に日本の陸軍士官学校に留学。辛亥革命に参加、二四年には黄埔(こうほ)軍官学校校長。孫文の死後、国共合作の後継者となるが、反共政策を強め、二七年に四・一二クーデタを起こす。二八年に全国政権を樹立後も一貫して共産党の討伐に精力をそそいだ。

▼高利貸し　地主階級は土地からあがる収益を元手に商業を兼営する場合が多く、同時に高利貸しをかねている者も多かった。

地主階級の特徴

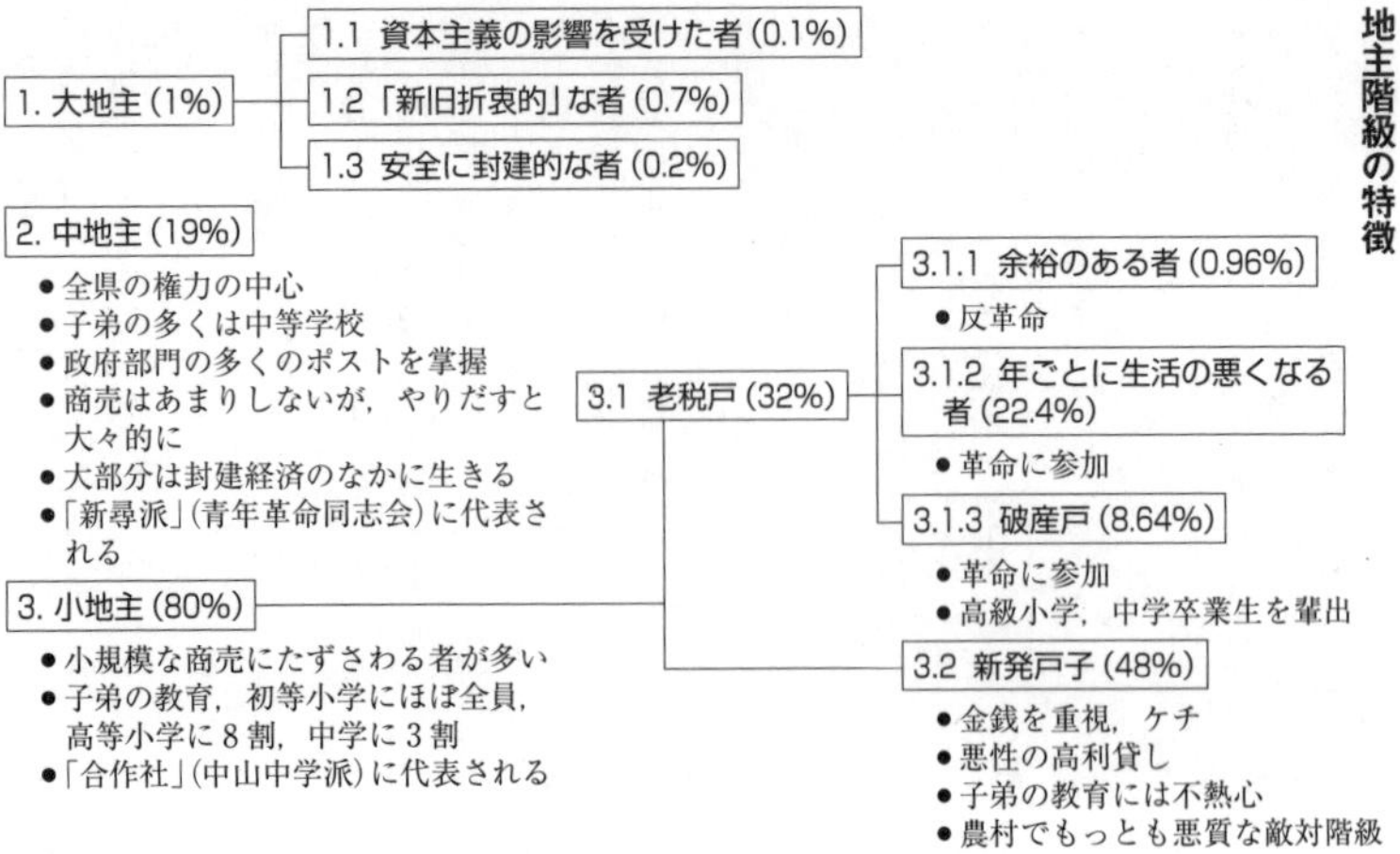
1. 大地主（1%）
1.1 資本主義の影響を受けた者（0.1%）
1.2「新旧折衷的」な者（0.7%）
1.3 安全に封建的な者（0.2%）
2. 中地主（19%）
●全県の権力の中心
●子弟の多くは中等学校
●政府部門の多くのポストを掌握
●商売はあまりしないが，やりだすと大々的に
●大部分は封建経済のなかに生きる
●「新尋派」（青年革命同志会）に代表される
3. 小地主（80%）
●小規模な商売にたずさわる者が多い
●子弟の教育，初等小学にほぼ全員，高等小学に8割，中学に3割
●「合作社」（中山中学派）に代表される
3.1 老税戸（32%）
3.1.1 余裕のある者（0.96%）
●反革命
3.1.2 年ごとに生活の悪くなる者（22.4%）
●革命に参加
3.1.3 破産戸（8.64%）
●革命に参加
●高級小学，中学卒業生を輩出
3.2 新発戸子（48%）
●金銭を重視，ケチ
●悪性の高利貸し
●子弟の教育には不熱心
●農村でもっとも悪質な敵対階級

注）括弧内は，地主階級全体に占める比率を示す
〔出典〕『毛沢東農村調査文集』（124-131頁）の記述をもとに筆者作成

保守と革命の色分けは、学校システムの内部にも反映されていた。学校内の革命組織である「合作社派」のメンバーは没落途中の小地主の子弟が多数であり、大・中地主の出身者は少数であった。他方、保守的な「新尋派《しんじんは》」には中地主の子弟が多かった。小地主のうちの「新発戸子」は金儲けに忙しく、そもそも子弟の教育には不熱心であった（『毛沢東農村調査文集』）。農村革命揺籃《ようらん》の地、江西省の革命家たちは、農村の最貧層などではなく、没落過程にある旧郷紳家族の若い世代によって構成されていたことになる。

③—躍進する革命途上のニュー・リーダー

共産党の革命アプローチの形成

共産党統治下の農村リーダーがとりまとめる世界は、それ以前の郷紳《きょうしん》による地域支配となにがどう違うのだろうか。また革命の指導者と、農村リーダーとはどのような関係にあったのか。この点を理解するためには、中国革命がおかれていた状況からみていく必要がある。

結論から述べてしまうと、革命の指導者は農村リーダーにたいして、矛盾に満ちた二面性のあるアプローチをとっていた。すなわち一面において、共産党はすでに農村社会で威信を確立している有力者や武装集団の実力に積極的に依拠して活動を展開せざるをえなかった。しかしまた一面において、共産党は農村リーダーを全面的に信頼することはなく、つねに警戒を怠らなかった。ここではかりにそれを「革命アプローチ」と呼んでおくが、それでは革命の組織者がこのような「構え」をもつにいたったのはなぜなのか。

革命政党が一九二〇年代から約三〇年のあいだ、国内革命戦争、抗日戦争、

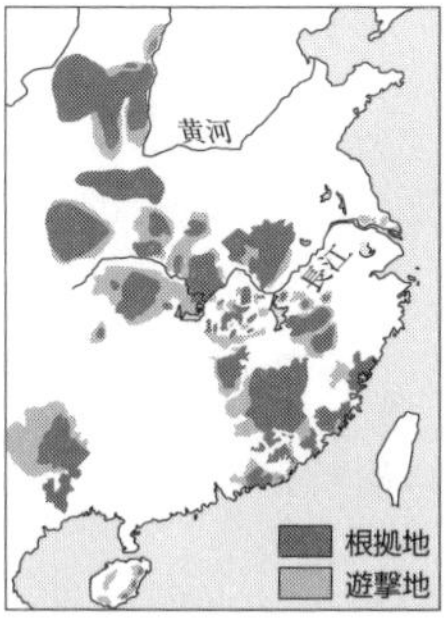

第二次国内革命戦争時期の根拠地（一九二七〜三七年）

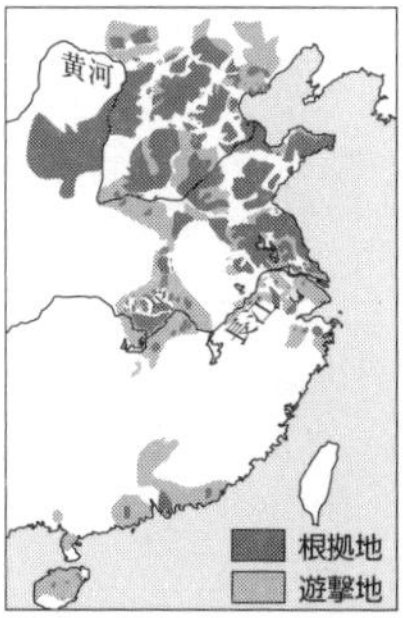

抗日戦争時期の根拠地（一九四五年八月）

▼囲剿　主として第二次国内革命戦争時期(一九二七〜三七年)における、共産党の農村根拠地にたいする国民政府軍の包囲攻撃を指す。その基本的な発想は、中国国内の安定のために最大の「匪」である共産党を討伐し根絶するというものだった。

国共内戦と連続的に、長期間の戦争状況を経験した。さらに建国後の平和時にいたっても、朝鮮戦争、東西冷戦、中ソ対立など国際的な緊張状態に取り囲まれていた。つまり、なにをやるにしても「敵」と「味方」という発想を持ち込まざるをえない環境があったのである。革命政権はそうした戦争状況のなかで、陸の孤島のような「根拠地」を築いて活動してきた。四方八方をつねに敵にかこまれた状況で、根拠地内部の非常に近い距離に「敵」が出没する危険性がつねに存在した。

前頁右の地図によれば、一九二七〜三七年の第二次国内革命戦争時期には、南方と西北地区の省境を中心とした革命根拠地は一八地域に分散しており、それぞれ国民党統治区に取り囲まれていた。実際、一九三四年には国民党による中央革命根拠地への囲剿《いそう》▲を受け、「長征」をへて、根拠地の中心は西北の延安に遷《うつ》った。三七〜四五年の抗日戦争時期、中国の国土は、日本軍の手に落ちた「淪陥区《りんかん》」、共産党の「解放区」(抗日根拠地または「辺区」ともいう)、国民党統治のもとにあった西南・西北を中心とする「大後方」に色分けされることになった(前頁左の地図)。この時期、抗日根拠地、遊撃区はやはり一八地域に分散していた。容易に想像できるように、当時の厳しい道路・通信状況では、各地に分散した根拠地と革命の中央指導者とのコミュニケーションは円滑ではなく、農村革命の現場の情報はなかなか正確には上部まで伝わらなかった。情報の不足は、容易に疑心暗鬼を生じさせる。共産党指導部が敵の存在にたいし、つねに過剰ともいえる警戒心をいだくようになったのは、こうした環境からすればごく自然なことであった。

抗日戦争が終結すると、いったん停止していた根拠地内での土地分配がなし崩し的に再開された。一九四六年六月の「五四指示」が出され、「すべての農民が生まれ変わる」（翻身）とのスローガンで土地の均分政策を進めようとしたが、貧農にまで十分な土地・財産がゆきわたらなかった。▲実際のところ、四〇年代の華北農村では人口にたいして耕地が決定的に不足しており、地主・富農の所有地をすべて貧農に分配しても貧農の約四割を中農化できるにすぎなかった。ところが共産党指導部は土地改革によるすべての農民の中農化を期待し、多くの貧農が中農化できないのは、地主・富農が「果実」をかくし、彼らの手先となった基層幹部や中農が土地改革を妨害しているためだと考えたのである。

▼共産党の土地分配政策　共産党の土地革命は、四つの段階に分けられる。⑴土地革命戦争時期（一九二七〜三七年）　南方に分散した農村ソヴィエトを中心に試行錯誤しつつもラディカルに進行、⑵抗日戦争時期（三七〜四五年）　抗日の目標のために土地分配を停止、小作料値下げ闘争を中心に展開、⑶第三次国内革命戦争時期（四五〜四九年）　華北、東北の解放区を中心とし、国共内戦下で「平均分配」を打ち出してラディカルに進行、⑷人民共和国建国初期（五〇〜五三年）　華中、華南の新解放区を中心に、「富農経済保護」を打ち出して比較的穏健に進行するが、朝鮮戦争を機に急進化した。写真は「土地法大綱」を農民に宣伝するために壁に書き写す工作隊員。

「解放」の喜び　一九四九年十月十四日。広州市にはいる人民解放軍第四野戦軍と、それを出迎える市民たち。

▼「匪」の政治性　どのような人間集団を「匪」と呼ぶかは極めて相対的である。これは「匪」という社会的な実態が存在するというよりは、優れて政治的な概念としてとらえたほうがよい。すなわち自らを政治的に正当であると考える集団がその政敵のことを「匪」と呼ぶ。建国初期の「清匪」とは、国民党軍の残党に民国期の土匪が加わった武装勢力で、国民党からすればまた同時期の共産党も「共匪」であった。

こうした認識のもとで制定された「中国土地法大綱」(四七年十月)は、その実施にあたり、中央はさらに繰り返し果実の分配と闘争の号令をかけた。村落社会は高度に「政治化」され、末端リーダーは右寄りの「誤り」を繰り返さないためむしろ左寄りに急進化せざるをえない状況に追い込まれた。

共産党が全国・地方政権を奪取することを「解放」と呼ぶ。新しく国民党支配地区から解放された「新解放区」では、残存する「敵」を強く意識した「清《せい》匪《ひ》反《はん》覇《ぱ》」が早々に展開された。「清匪」(匪賊の討伐)は、政権を樹立する側からみれば、敵対的となりうる社会的勢力を物理的に排除するという意味で最優先課題であった。統計資料によれば、建国に前後する時期の「清匪」により、二六一万人(当時の国内人口の約〇・五%)の「匪賊」を殲滅したとされる。▲

他方、「反覇」(ボス地主への闘争)は、地主のうちの政権担当者にたいする闘争であり、ボス地主とは、地主階級のうちの旧国民党政権の主要ポストにあった者を指すが、その担当ポストによって県級、区級、郷級に区分されていた。県級ボスは、大多数は県城に居住しており、家族、親戚のなかには省政府の役人がいてコネクションをもっている。県級クラスのボスが共産党に捕まると処

各階級世帯平均土地保有量

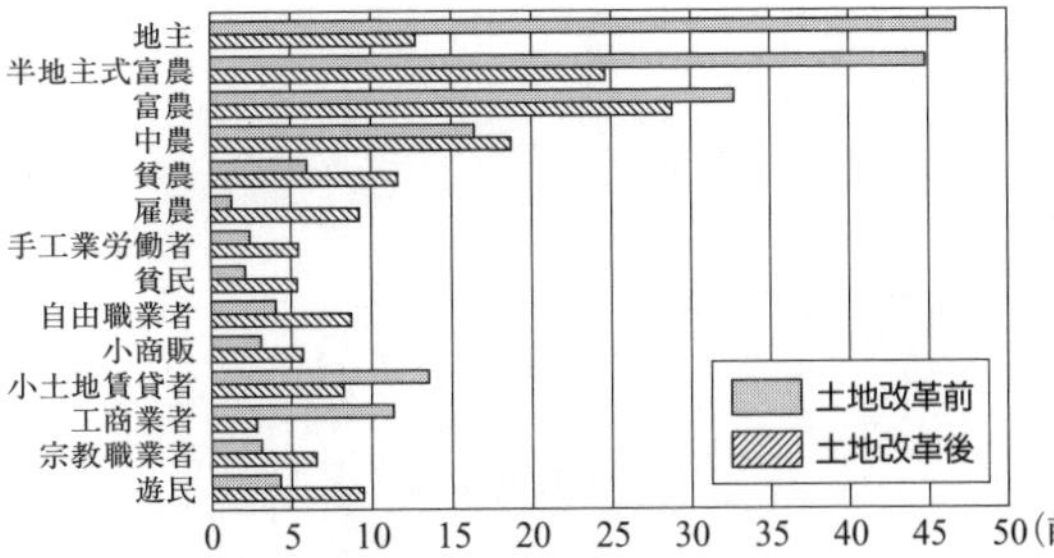

〔出典〕『豊城県志』68頁を参照して筆者作成

刑されるので、彼らはひとまずみな、逃亡を企てる。区級、郷級などは大衆大会が開かれて闘争の対象となる。多くの住民の恨みを買っている者は、人民裁判の名のもとに処刑されることもある。県コミュニティの内外で大きなネットワークを有する県級ボスの場合は、もしも彼らが処刑されなければ、基層レベルでの大衆運動の推進もまた不可能であるほどの死活問題であった。

新解放区で敵対勢力がおおむね排除されると、つぎに土地改革が実施され、この時点で旧郷紳の母胎であった地主階級は消滅する。これが中国農村革命の一つのピークであるが、土地改革が農村の権力のあり方をどう変えたかについてみてみよう。相対的に穏健である一九五〇年期土地改革の政策は、「地主」の余分の土地を削って「貧農」「雇農」に分配するというもので、「富農」「中農」の土地についてはたとえコミュニティの平均を上回る場合でも手をつけないという原則だった。地主の土地・財産については、いったんすべてを没収したあとに一部を再分配する。上のグラフでわかるとおり、旧時の郷紳にかさなる地主層は貧農と同レベルの土地保有量となり、経済的影響力が瓦解していることがみてとれる。すべての階層で中農化が促進され、土地への依存が強まっ

江西省于都県公安局にとらえられた匪賊軍のリーダーたち（一九五一年四月）

▼三湾改編　一九二七年九月二十九日、四省秋収蜂起に敗れた毛沢東率いる部隊が、湖南省境に近い江西省永新県の三湾村で会議を開いて決定した部隊の改編。もともとの「師」を縮小して「工農革命軍第一軍第一師第一団」とし、各レベルに党組織を設置した。

た。同時に富農層については相対的に多くの土地が残され、他の一般的農家に比べるとより多くの影響力を保持したことがわかる。

土地革命の「土匪的」展開

一九二一年に革命政党として誕生した当初の共産党は、非常に人数が少なく、微力な集団にすぎなかった。四九年に全国政権を奪取したのちも、とくに華中、華南を中心とする広大な農村は支配の空白地帯であった。統治を支える農村リーダー、幹部層を養成する必要はつねにあったが、ただちに「革命」的手段に訴えて、実直な貧農ばかりを集めてリーダーをつくろうというのは非現実的であった。既存の民間勢力や農民のなかの「土匪《どひ》的」な一部の連中と連携し、その破壊的な力を利用することがまずは必要だったのである。

例えば、毛沢東《もうたくとう》の「湖南農民運動考察報告」（一九二七年三月）も、暴徒と化した農民が地主の屋敷に上がり込み、ベッドの上をころげまわったりする行為を、喜ばしいことであると目を細めている。こういう農民は往々にして農村のなかの無頼の徒であった。二七年四月に第一次国共合作が分裂してのち、江西《こうせい》を中心とする山岳地帯において農村根拠地を築いた時期の共産党が、地元の「土匪」とごく近しい関係にあったこともよく知られている。共産党指導部のなかで、コミンテルンをバックにした王明《おうめい》ら「教条主義的」なマルクス主義信奉者グループと、中国の現実からスタートして農村主体の革命路線をとる毛沢東らの対立は、ソヴィエト時期の党史研究の一つの焦点をなしてきた。

両者の対立は、農村の社会勢力とどのように向き合うかという問題をめぐってもあらわれていた。正統的なマルクス主義者は、革命政党があやしげな民間勢力と結ぶことに忌避感をいだいていた。他方で現実路線をとる者たちは、革命・暴動を立ち上げるさいには、正直な農民だけに頼っていては不可能であることを経験的にわかっていた。人民解放軍建軍史上の重大な転機とされる一九二七年の「三湾改編▲」も、微弱な軍隊であった紅軍《こうぐん》が、農村社会のなかに活動のためのネットワークを求めたできごとだった。敗走中の毛沢東は、地元のもと緑林《りょくりん》▲である袁文才《えんぶんさい》や王佐《おうさ》が率いる匪賊上りの農民自衛軍を紅軍に取り込もうとした。同じく紅軍総司令官の朱徳《しゅとく》▲や、賀龍《がりゅう》▲などの共産党指導者も匪賊との連携に積極的であった。有名な「三大規律、八項注意▲」も、組織の規律になじん

▼緑林　山林や沼沢に集まって官や地元支配者に対抗しようとする武装集団で、土匪と似かよっているが、略奪のさいにも「民衆のための義挙」であるとの大儀を掲げる点が少し異なっている。

▼朱徳（一八八六～一九七六）　四川省儀隴県出身、人民解放軍の前身である紅軍を毛沢東とともに創設し、「朱毛紅軍」と呼ばれた。建国後の活動は顕著ではないが、軍の長老として長く影響力を保持した。

▼賀龍（一八九六～一九六九）　湖南省桑植県出身、人民解放軍創設の功労者で元帥。

▼三大規律、八項注意　井崗山に向かう途中の部隊に毛沢東が与えた注意にのちの補足を加え、一九四七年に人民解放軍が公布した。「三大規律」は、「いっさいの行動は指示に従う、大衆の物は針一本、糸一筋もとらない、いっさいの捕獲品は公のものとする」。

でいない無法者たちを多く抱え込んだ紅軍ゆえに必要とされた決り事だった。

早期の革命根拠地でソヴィエト政権の中核を担ったのも、まじりっけのない農民というよりは、正業についていない、やくざ者たちであった。毛沢東の「興国調査」▲（一九三〇年十月）の記述では、興国県第一〇区ソヴィエト政府の職員のなかでは、「博打《ばくち》打ち」の存在がとくにめだっている。名前のあがっている一八人のうち、「博打打ち」が六人（内二人はもと仕立屋）、仕立屋兼「博打打ち」が一人、仕立屋専業が一人、医者が一人、道士が一人、破産大地主一人、富農二人、中農一人、家の状況が不明の読書人三人、家の状況が不明の女性が一人という具合だった（『毛沢東農村調査文集』）。

全国政権樹立直後に共産党が農村に設立した「農民協会」▲にも似たような傾向があった。「解放」直後の段階ではまだ土地改革は実施されておらず、農民協会主要ポストの座を占める人びとはごく自然に、従来、農村部で影響力を保持してきた顔ぶれとなったからである。当然、彼らは雑多な背景をもつリーダーたちであった。当時の土地改革事業の報告は、農民協会の組織に「まぎれ込んで」いる「不純分子」についての記述を多く含んでいる。その個人的背景を

▼**興国調査**　一九三〇年に江西省興国県出身の紅軍兵士八人を集めて毛沢東がおこなった調査会の記録。毛の代表的な農村調査のうちの一つ。農村の土地・階級関係やソヴィエト政権の人員にかんするいきいきとした記述を含む。

▼**農民協会**　土地改革運動の合法的な実施機関。のちに郷政府が成立すると解消された。

袁文才(一八九八～一九三〇)　江西省寧岡(ねいこう)県の客家(ハッカ)出身農民。新妻を豪紳地主に強奪され緑林組織「馬刀会」に参加。一九二六年九月、共産党の指導を受け容れて農民自衛軍総司令として寧岡暴動を指揮。同年入党。

王明(一九〇四～七四)　本名は陳紹禹(ちんしょうう)。モスクワ留学中に「留ソ派」を形成。一九三一年に党総書記として実権を掌握。都市工作重点主義をとり、極左路線の誤りで革命事業に損害をもたらした人物として公式の党史では評価されている。三五年の長征途中に開かれた「遵義会議」で毛沢東に実権を奪われる。

王佐(一八九八～一九三〇)　江西省遂川(すいせん)県の仕立屋の出身。一九二一年より緑林組織に参加、二六年より革命の影響を受け農民自衛軍となる。二八年入党。

農村でのニュー・リーダー選出のようす　候補者のうしろにおいた茶碗に豆粒をいれて投票する。

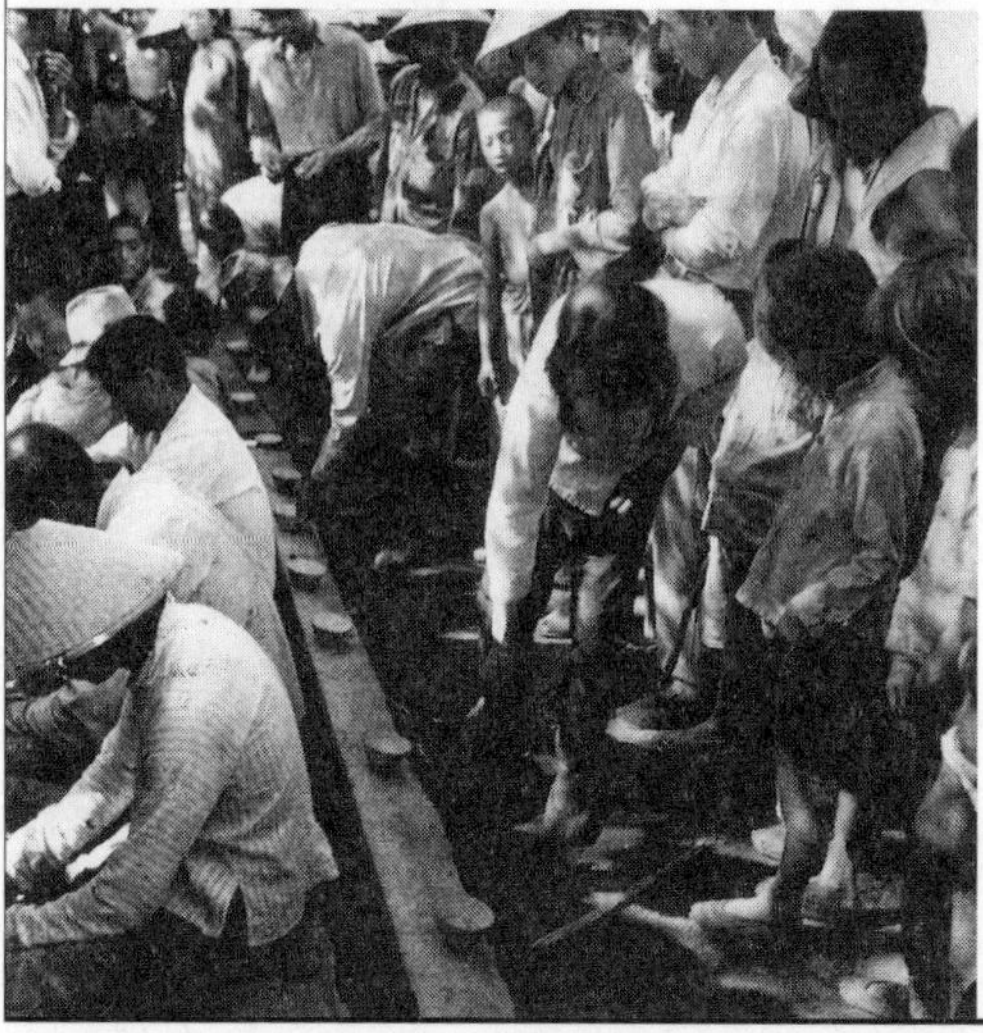

農民協会リーダーの個人的背景

(1) 階級的基準	「破落戸」「中農」に区分された地主，富農，富裕中農
(2) 政治的基準	国民党将校，国民党地下軍経験者，国民党員，連長，副官，紅幇，匪賊，特務，保長，私服隊
(3) 職業的基準	遊民，道士，役者，ならず者(二流子)
(4) 人間関係的基準	ボス地主の走狗，匪賊の妻，地主の娘，地主の甥
(5) その他，複合的基準	ボス地主の女房かつ三民主義青年団団員かつ「五姉妹会」会員，小土地賃貸者かつもと政府職員，正月に地主に肉を送った匪賊あがり，富農かつもと財経助理員

いくつかの基準で分類してみると、上表のようになる。

解放直後の農民協会リーダーの多くは、(1)の階級的基準や(3)の職業的基準からみて「純粋な貧しい農民」でない。のみならず、(4)の人間関係的基準に端的にあらわれているように、革命の対象である旧勢力につながるネットワークの保持者でもある。実直な農民というのは他に術《すべ》がないから農民をやりつづけているともいえる。それに比べると、雑多な背景をもつ人びとのほうはそれだけ「甲斐性がある」から堅気の農民をよしているのである。在地社会に広いネットワークを築いており、それゆえ、農村リーダーとして当面、仕事を進めるさいに有利だからこそ、彼らが新しい政権組織に「まぎれ込んで」いたのである。

共産党の支配下では、住民の集会が頻繁に開かれる。したがってリーダーに不可欠な条件の一つとしては、集会のような場で「しゃべれること」である。口先八丁だけで生きている現代の都会人は、しゃべることなどたやすいことだと考えるかもしれないが、自らの運命を受け入れてきた実直な農民であるほど、とくに人が集まる集会のような公的な場所でしゃべったりはしないものである。土地改革工作隊に参加した経験のある大学教授は、当時「根子」(四九頁参照)

▼私塾　解放以前の非公式教育の場。宗族が一族のなかの子弟教育をおこなうために教師を雇う場合や、複数の農民が共同で一人の教師を雇う場合もあった。写真は湖北省漢陽県の私塾での卒業記念撮影（一九四五年）。

に選んだ雇農《このう》について、ひどく虐げられて苦労している人間なのだが、集会の場ではとうとう最後まで言葉を発することができなかったと回顧している（田原史起『中国農村の権力構造』）。弁の立つ人間というのは、実直というよりは、どこか堅気でない部分をもっている人物である。それで、農民協会などを組織すると自然とこうした連中が集まってくる。

このことは、建国当初の人材状況にもかかわっている。前節にふれたように、清末の新政時より導入された「新式教育」は非常にコストの高いもので、新式学校はどうしても中心地である県城などに一極集中しがちであった。県城から離れた丘陵地帯・山岳地帯の農民は、旧式学校や私塾▲で学ぶよりほかはなかった。ただ、「出身階級が良い」とされた貧農であり、かつ私塾の教育を二〜三年でも受けたような者は、新しい官僚制のなかで栄達をとげ、区・郷レベルや県の幹部として抜擢《ばってき》されていく場合が多かった。農村の末端近くに残っているのは、実務能力の比較的低い貧農出身者でなければ、旧来からなんらかの公的なポストについていた者、なにがしかの名声をもった、「不純な」背景をもつ者ということになる。そうした者はたいてい、実直でおとなしい農民などでは

江西省余干県における農業合作組織の個数と加入率

年代	互助組			初級合作社			高級合作社		
	個数	加入率（%）	平均規模（戸）	個数	加入率（%）	平均規模（戸）	個数	加入率（%）	平均規模（戸）
1951	5248								
1952末	1377	30.8	18						
1953春				2					
1954春				13	0.3	18			
1954末	6031	75.4	10						
1954末				379	12.6	26			
1955上半期				418	15.9	30			
1955冬							2		
1955末				1425	85.1	47			
1956春							127	72.2	445
1956秋							253	96.8	300
1957春							347	99.6	225

〔出典〕:『余干県志』113 - 114頁を参照して筆者作成

なくて、なんらかの「やくざ気質」「土匪性」を有する人びとだったのである。

農業集団化の展開

一九五〇年代は、中国農村にかつてない新しい経験をもたらした時代であった。土地改革の熱気がさめやらぬうちに、傍目《はため》には性急にすぎるほどの速度で農業の集団化を完了させてしまったのである。

農業集団化率の推移を、ある平凡な県を例としてみると、上表のようになっている。集団化は、各地で土地改革の終了後、初歩的な段階から開始された。初歩的な組織化段階のものを「互助組」という。地域にもよるが、互助組はどちらかというと旧来の中国農村社会の特徴を継承した面もあった。革命前の農業互助慣行には、随意な手伝いである「互相幇忙《ごそうほうぼう》」や、一日働いてもらった分は一日働いて返すという「以工換工」、また華北地域では農具・役畜《えきちく》の不足をたがいに補い合う比較的長期間の関係として「搭套《とうとう》」と呼ばれるものがあった。革命後の互助組にも、農繁期に「以工換工」や耕牛・農具と労働力の交換の方式（「以物換工」）を採用する季節互助組があった。いずれにせよ、気心の通じ合

▼階級成分　土地改革における処遇を決定するために各家庭に与えられた区分を指すが、その後の三〇年間にわたり、個人の政治的地位をあらわすレッテルとして機能することになった。レッテルは父子のラインをつうじて継承された。

初級農業生産合作社への加入申し込み会場の模様

う近い関係がベースになっている点では、革命前の労働互助慣行との連続性がみられる。

他方で、季節的形態でなく、通年で組織される互助組では、革命前の慣行と明らかに断絶している面も多かった。⑴平均規模が一〇世帯前後と大きいこと、⑵自然発生的に組織されるというより、工作隊(四八頁参照)が派遣されて上からの指導で成立すること、また、⑶ゆるやかなヨコの繋がりというより、リーダーが存在して統率していること、⑷貧農が中心で、家庭の生産条件の良い一部の中農は参加せず、富農は「階級成分▲」が悪く、生産条件も良いので参加しなかった点などである。さらに、⑸労働点数の存在があげられる。土地は等級評価、労働力・役畜・農具は点数評価で、毎日点数をつけ、年末に清算するが、作付け計画は農家ごとにおこなった。

初級農業生産合作社(一九五二〜五五年)は「半社会主義的性質」をもち、任意加入が原則だが、互助組よりも上からの働きかけによる「運動」として進められた側面が強かった。そのため、家庭内の労働力が豊富で農具もそろっている生産条件の良い農民たちの抵抗も比較的大きく、いったん入社したあとの

「退社」(合作社からの脱退)騒ぎも起こった。

中央指導部においても、農業集団化の速度をめぐって対立が生じていた。当初の計画は、農業を含む社会主義的改造は、一九六七年まで一五年ほどの時間をかけて完了させるというものであった。農業にかんしても、鄧子恢《とうしかい》や劉少奇《りゅうしょうき》など、農民の自発性を重視して時間をかけた農業の集団化を実現しようと考えた指導者と、早期の集団化を主張した毛沢東のあいだには激しい鍔迫合《つばぜりあ》いが展開された。五五年七月、毛沢東が農業集団化に慎重な指導者を「纏足《てんそく》女▲」と批判した「農業協同化問題」と題する報告をおこなうと、高級合作社の組織化が加速しはじめ、五六年末までに、全国では九六％の農家が高級合作社に加入することになった。高級合作社は、土地と主要な生産手段の集団所有制▲を実現した。高級合作社の特徴はまさに、村の行政組織が合作社を管理するという「政社合一」の体制にあった。富農と中農の財産は事実上、没収され、農具、役畜は有償で買上げとなった。少量の自留地が残されたほか、生産手段はすでに個人のものではないので、出資分の配当は取り消され、労働の多少に応じた分配(按労《あんろう》分配)がおこなわれた。

▼**纏足**　女性の脚を幼少期からきつく縛ることで成長をとめ、小さい脚をつくる旧中国の慣習。纏足の女性はよちよち歩きになり、速く歩くことができない。

▼**集団所有制**　「集団」とは、国家と個人の中間に位置する地域的組織、すなわち現在であれば村民小組、村、郷・鎮などを指す。中国都市部の土地は国有だが、農村部の土地は高級合作社化が完了してから現在まで、国営農場を除いてすべて集団所有制をとっている。

高級合作社での収益分配は、総収入から農業税の合計額を引き、さらにインフラ建設などの「公積金」、社会福祉的用途の「公益金」、幹部手当などの「管理費」、そして生産コストを差し引いた残りを、労働に応じた分配分にあてた。各農家への分配分は、およそ総収入の六〇％以上であったといわれる。食糧の農家への分配は、総収量から国家買付分、集団備蓄分、種籾《たねもみ》を保留した残りを社員の自家消費用食糧とした。

こうして共産党は、政権奪取に向かう土地革命の段階では、「農民的土地所有」実現を旗印に農民を引っ張ったのだが、政権奪取後にあっては、こんどは農民がいったん獲得した土地を放棄させ、農業集団化に農民を駆り立てた。農民はうまくあやつられたようにみえるが、こうしたプロセスはどのような意図のもとでもたらされたのだろうか。この点については、こんにちではほぼ以下のような説明がなされている。

第一に、中国共産党にとっては、農業を集団化し、生産手段の公有制を実現することは、それ自体が社会主義社会実現に向けての価値ある目標であった。したがって政権の奪取と地主階級の打倒は、一つの通過点にすぎなかったとも

▼新民主主義　革命前の中国社会を、「半植民地」「半封建主義」としてとらえたうえで、一足飛びに社会主義に進むのではなく、その一歩前に、諸階級を連合した革命が必要であるとした考え方。この革命によってつくられるのが、「新民主主義」の社会であり、そこでは資本家階級もまだ否定されることなく存在している。

いえる。中国農村革命について忘れてはならないのは、革命というものが社会主義社会の実現に向けた一連のプランのなかに位置づけられていたことである。

第二に、農村の「両極分解」にたいする党の側の恐れがある。農村の社会主義改造完了の目標時期は、当初、三つの五カ年計画をへたのちの一九六七年とされた。それまでは、「新民主主義▲」の経済を実施して、多少の資本主義的な要素は容認していく方針であった。ところが五三年ころから毛沢東のイニシアティヴで社会主義改造の速度は速められ、それからわずか三年ほどで移行が完了した。移行期間が短縮された根本的理由は、やはり実態はどうであれ、農村末端にうごめく「敵」への警戒心が膨張したことをぬきにしては考えられない。土地改革の結果、農村内部の土地所有は完全に平準化されたわけでもなく、とくに富農は比較的多くの土地・財産を手元に残されていた。集団化はこうした農村の新・旧の富農層の制限という意味ももっていた。

第三に、より現実的な背景として、農村からの食糧調達が逼迫《ひっぱく》した課題となっていたことである。工業化の担い手となる都市の工業労働者にたいして安定的に食糧を供給し、また相対的に安い値段で食糧・農産物を買いつけ、高い値段で工業製品を販売することで、農民を踏み台として資本蓄積をおこなうこと、そのための道具として集団化を用いるという意味もあった。農村の余剰食糧を効果的に買いつけるため、一九五三年には統一買付・統一販売制度▲が始まっていたが、国家は一億数千万の農家から直接に買付をおこなうという困難に直面していた。新政権の事務処理能力の欠如もかかわっていた。個別農家の土地面積、収量を個別的に把握しておくことの煩雑さにたえうる事務能力・データ集積力が、新しい末端政権にはなかったので余計に面倒であった。農業集団化がなされれば、土地は全国で数十万の合作社が統一的に経営し、農業税と余剰食糧は合作社が統一的に管理するようになる。こうすれば、平年生産高の割出しも合作社を単位とすればよく、土地改革直後のように田圃《たんぼ》ごとに評定する必要はない。農業生産合作社の実際の収量は帳簿に記載されているから、多くの時間を費やして調査・評議する必要はなくなる。

▼**統一買付・統一販売制度**　一九五三年以前、食糧は農業税としておさめられる食糧を除き、商人の手をつうじて自由市場に流れていた。五三年以降、統一買付によりすべての余剰食糧、綿花、食用油脂の買付を政府がおこなうとともに、都市住民にたいしては配給制を実施し、買占めがおこなわれないよう統制下においた。

農村リーダーを取り巻く新環境

だが、以上の諸点だけでは、急速な集団化が現実のものとなった理由はわからない。共産党指導部の意図に、末端の農村リーダーシップがなんらかのかたちでこたえていったからこそ、変化が起こったのである。

　農村リーダーシップの変動に大きな影響を与えた第一の新環境は、共産党に独自の農村工作手法―工作隊の派遣である。工作隊というのは、末端における各種の問題を解決するために、県政府が臨時に編成し、県内の農村部に派遣する数人のチームである。県の各部門の現職幹部を中心として、郷《きょう》▲・鎮《ちん》の幹部や外部からの知識人が加わることもある。土地改革、集団化をはじめ、のちにみる一九六〇年代の四清《しせい》運動の発動は、例外なく工作隊が末端社会に送り込まれることで引き起こされていた。

　農村末端の現場ではなにが起こっていたのか。建国初期の状況を例にとっていえば、工作隊の派遣は県→区→郷→行政村というヒエラルキーにそっておこなわれた。工作隊の活動単位となったのは建国直後に再区画された「郷」であり、郷の中心集落には、工作隊長が住み込んで指揮を執る。そして工作隊の一般メンバーが担当するのが「行政村」▲の範囲である。これは民国期保甲《ほこう》制の「保」の範囲に相当した。

▼**郷**　建国初期の郷の範囲は、国民党統治期の「郷」、あるいは現在の行政単位としての「郷」よりも小さく、厳密にいうと「小郷」という。標準的な人口規模は二〇〇〇〜三〇〇〇人とされた。

▼**自然村と行政村**　中国語の「自然村」は集落の意味。これにたいし行政村は国家が統治のために設けた単位で、自然村とほぼかさなる場合もあれば、ずれる場合もある。いくつかの自然村を集めて行政村を形成した場合、実際の生活単位は自然村で、行政村は住民にとって生活上の単位というよりは、徴税や産児制限などの行政的な意味をもつ単位となることもある。

工作隊が村に到着すると、農民のあいだには緊張と恐怖感がみなぎったといわれる。「官」がだれかを使いに寄こすのでなく、県城から自らやってきて村に住み込むなど、それまで経験したことがなかったからである。農民、とくに在地で力をもつ「堅気でない」人びとは、固唾《かたず》をのんで動静を見守る。かかわらないにこしたことはないが、一月、二月と過ぎても一向に引き上げる気配もない。工作隊の活動には一定の工作手順というものがあった。まず、貧困な住民を訪問して苦しみについてたずねる（「訪貧問苦」）。そのうち行政村のなかで、少し不満をもつ周辺層が工作隊と頻繁に接触しはじめる。工作隊は何軒かを訪問して、運動の骨幹分子（「根子」）の当たりをつける。「根子」が決まったら、食、住、労働をともにする（「三同」）ことにより、この「根子」にしっかりと根をおろし（「扎根《さっこん》」）、運動の突破口を開くのである。

つぎにおこなうのは、この「根子」の人間関係を利用して、同じように貧困の者のなかから芋蔓《いもづる》式にネットワークを張り広げる（「串聯《かんれん》」）作業である。やがて工作隊が目的とする「運動」を引っ張る積極分子▲層もあらわれてくる。土地改革では、行政村レベル「貧下中農代表」の選出→「主席団」の選出→郷農民

▼**積極分子**　基層幹部や共産党員以外で、共産党の発動する各種の運動に積極的に賛同・協力する末端レベルの個人を指す。一般に青年層が多い。

江西省余干県の党員数推移（年齢別）

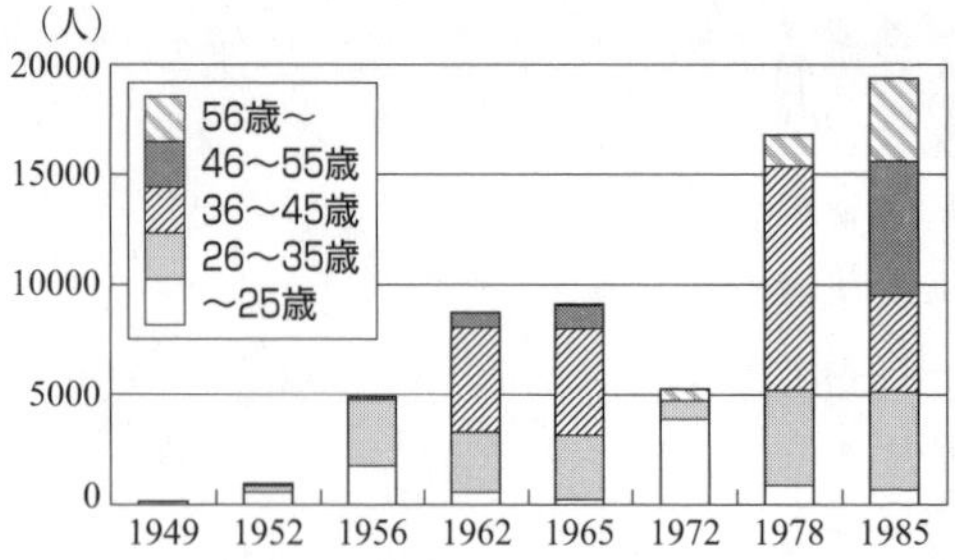

〔出典〕『余干県志』396頁を参照して筆者作成

協会（郷政府）と進み、郷レベルの幹部、つまり「純粋な農民」のなかから新しい農村リーダーが選抜されることになった。工作隊の動員にこたえて政治運動をもり立てる役割をはたすのは、貧農層でなければならず、年齢的には恐れを知らない二十代の若者たちであった。彼らは旧社会からのネットワーク資源をもたないかわり、古い権力構造のしがらみから相対的に自由であるという点に特徴があった。

しかし、そもそも、農村リーダーは地元で仕事をするさいには、いずれにしても現地社会の内部にもネットワークが必要となってくる。ところが、やくざ気質《かたぎ》の土匪的リーダーを徐々に排除しつつ、工作隊が抜擢した新農村リーダーは、コミュニティ内の支持基盤をもっておらず、そのため新組織は脆弱《ぜいじゃく》であった。結局、繰り返し工作隊を投入し、新リーダーのバックには国家権力がついていることをアピールすることで組織を維持しなければならなかった。一九五五年の高級合作社の成立は、工作隊の反復的派遣ということをぬきにしては考えられない。

農村リーダーにとって第二の新環境となったのは、二つの外部組織——共産

江西省余干県における服役・退役者数の推移

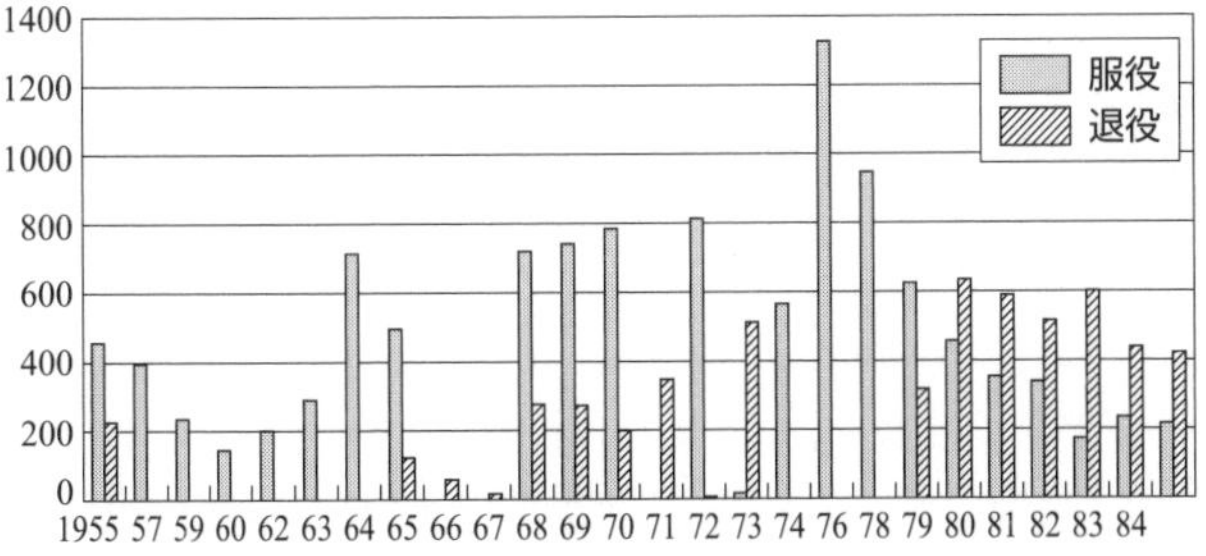

〔出典〕『余干県志』423頁を参照して筆者作成

党組織と人民解放軍――の影響である。

前頁のグラフは、江西省余干《よかん》県における共産党員数の推移である。土地改革終了後の一九五二年には八〇〇人強であった党員数は、高級合作社への移行が終了する五六年には四八〇〇人へと拡大している。つまり、土地改革時期には県内にまだ党員がほとんどおらず、だからこそ変革は主として村落社会の外部から工作隊を投入する方法でおこなわれた。それにたいし、高級合作社化のリーダーシップは、工作隊の派遣も引き続きおこなわれたものの、村落内部に形成された共産党員と党組織により支えられたということができる。

また、復員・退役軍人の存在も無視できない。上のグラフはやはり同じ余干県の人民解放軍への服役者・退役者数の推移である。実際、合作社の核心幹部の多くは一九五〇年代前半に帰郷した復員・退役軍人だったといわれる。彼らは、多くが党員であること、進行中の新しい政策が理解できること、軍にいたときの関係をとおして上級組織にコネクションをもっていること、組織的活動に慣れていることなど、共産党の農村リーダーとしてのふさわしい条件を備えていた。加えて彼らは、なにがしかの国家との一体感、国の要請を受け入れて働こうという、いうなればナショナリズムともいうべきものを、より濃厚にもっていた。こうして、人民解放軍が建国後の農村リーダーシップに与えた影響は、決して無視することができない。

さらに、国家の人事制度が農村末端の人材を内部に取り込みはじめたこと、これは大きな変化だった。かつての「官」への栄達の道が科挙《かきょ》の試験によっていちおうはみなに開かれていたが、そのポストの数はあまりに少なく、貧乏人にはチャンスがないのと同じであった。県レベルより下の農村には「官」は存在せず、だれがリーダーであろうが、政府が関知することではなかった。民国期になると官僚機構が農村の末端近くまで拡張され、とくに保甲制の保長のポストは庶民にも開かれてはいたが、それはのちの政治的上昇につながるようなものでもなかった。それで保甲のポストはなりゆき上、やくざ者によって占められていた。

他方、革命政権は全国政権の奪取を目前にひかえるころになると、農村の末端でだれが政権組織のリーダーとなるのか、それをひどく気にするようになった。末端政権をほうっておくと、間もなく潜在的な「やくざ者」たちが頭角をあらわしはじめ、さまざまな権限を利用して私的ネットワークを拡張し、組織を骨抜きにすることを恐れたからである。これを防ぐ措置が、幹部の人事交流であった。これはかつての任官制度における回避制や不久任制《ふきゅうにんせい》の考え方を末端レベルにも適用したものといえるが、建国後の農村では、政治運動▲が人事交流の促進剤として機能したことが新しい変化である。

ごく短いサイクルで政治運動の波が押し寄せるたびに、新しい積極分子があらわれては抜擢され、チェックと人員の入替えにさらされたのである。この過程で、無能な者や「不純」なやくざ気質の者は篩《ふるい》にかけられ、淘汰されることになった。ある農民によれば、建国初期はまるで「篩の上に乗せられているよう」であり、政治運動がやってくると篩は激しく揺れ動き、新政権の要求する基準に満たない者はすぐにふるい落とされた（もっとも、人民公社時代には幹部の人事交流が少なくなり、公社や大隊の指導者では同一地点で一〇年以上、在職することもざらにあった）。

いったん「幹部」として抜擢されると、農民はその仕事ぶりによっては官僚機構のなかを上昇するチャンスをえることになった。末端の村のリーダーであ

▼政治運動　毛沢東時代の中国は、都市、農村を問わずさまざまな政治運動の反復によって特徴づけられる。運動はかならず中央政府から号令がかけられ、末端においてある特定のメンバーシップをもつ単位を舞台に、内部に諸矛盾を体現した「敵」が設定されるとともに、批判運動の先鋒を担う人物があらわれる。農村では土地改革、集団化などの経済的変革事業もすべて政治運動の方式で進められ、変革終了後の四清運動、批林批孔（ひりんひこう）運動などでは「敵」はよりわかりにくく、混乱をまねくことにもつながった。

っても、官僚組織内をつうじた上昇の機会が開かれ、上級単位と村とのあいだに幹部の移動が生じた。つまり、村から郷への幹部の「引抜き」であるが、貧農出身の農村リーダーにとって、「上級に抜擢される」という出世コースは建国後にはじめて開通したものであり、魅力的であったに違いない。もちろん、大部分のリーダーは村レベルの周辺に滞留していたのだが、なかで区レベルや県レベルに抜擢され、出世していく農民があらわれたのも事実である。新しい末端の農村リーダーが、政治的上昇の可能性をつねに頭の隅において行動するようになったのは、新政権が農村の末端までを幹部人事交流の対象に含めたからである。

革命、および社会主義改造という大変動は、以上の工作隊、外部組織（共産党・解放軍）、幹部人事交流という新環境によって、上級に親和的なニュー・リーダーが農村内部に大量に創り出されたことで可能となっていた。こうした変革の最終的な結果が、次章でみる人民公社制度である。

④—人民公社リーダーと「自由の隙間」

「運命共同体」としての生産隊

人民公社とそのリーダーシップの特質を理解することは、中国の革命が農村になにをもたらしたのかという本書のテーマを深めることにもつながる。

一九五八年から六〇年にかけ、各地が急速な社会主義建設を競うムードのなかで、大躍進政策▲が展開された。とりわけ、農業生産を増大させるための新しい水利施設の建設がおこなわれるようになった。比較的広範囲で労働力を動員する便宜のために、政府は高級合作社よりもさらに規模の大きい組織に住民を組織化しようとした。「農村で人民公社を設立する問題にかんする中共中央の決議」(五八年八月)を綱領とする人民公社の全国的成立は、社会主義中国の農村管理システムのいちおうの到達点といえる。人民公社の体制は「政社合一」と呼ばれるが、それは国家の側に起源をもつ政治・経済組織である人民公社(政)に、単一の農業生産単位として拡大された村落社会(社)をかさねようとするもので、わかりやすくいうと町役場と農協その他を合わせたような組織であ

▼大躍進政策　ソ連をモデルとしていた第一次五カ年計画の経済建設から離れ、多く、早く、立派に、無駄なく(多、快、好、省)をスローガンとして、大衆の力によって飛躍的な生産力の増大を実現するような、中国独自の社会主義の道を模索した運動。農村では、先進的な技術を用いない土着の方法(土法)にもとづく製鉄や、密植・深耕による農業技術の適用が試みられた。写真は江西省黎川県のダム工事現場で、トロッコを用いて石を運搬する農民たち。

る。

人民公社というと、鳴物入りの大躍進のスローガンとともに成立した一九五八年段階の組織形態が、その後八〇年代初期まで続いていったものと考えられがちである。じつはそうではなく、まもなくしてこの「大公社」は頓挫《とんざ》する。大躍進、共同食堂などに象徴される急進的政策は、まもなく社会混乱を引き起こし、自然災害とあいまって大きな厄災をもたらした。その後の飢饉（五九〜六二年）で約二〇〇〇万の死者がでたことはよく知られている。こうした事態を受け、六二年九月二十七日の「農村人民公社工作条例修正草案」、いわゆる「農業六〇条」を画期として、いわゆる「小公社」への再編成がおこなわれた。

小公社は、その後一九八〇年代の初頭まで、約二〇年という比較的長期間にわたり存続した。これだけもちこたえることができたのは、人民公社の「生産隊」レベルの運営システムにあったといってもよい。小公社体制の基本的特徴は、県より下の農村社会をいくつかの人民公社で構成し、公社の内部を生産大隊と生産隊に分けるというものだった。平均的な規模の目安としては、生産隊が二〇〜三〇世帯、生産大隊が二〇〇〜三〇〇世帯、公社が二〇〇〇〜三〇〇〇世帯といったところだった。ある研究者は、小公社制度の最大の特徴を「村＝隊モデル」（「村隊模式」）と呼んでいるが、「隊」すなわち「生産隊」の設置範囲を「村」の範囲にかさねるということである（張楽天『告別理想』）。この場合の「村」とは、自然村つまり集落のことである。もちろん、集落の大きさというのは大小さまざまであるが、多くの地域においては生産隊が集落とかさなっていた。

「農業六〇条」の「第四章　生産隊」は、この最末端の生産隊を土地の所有、生産の組織、経営管理、収益の分配などの基本的な単位として位置づけていた。小公社の所有制は、「三つのレベルで所有し、生産隊を基礎とする」（「三級所有、隊為基礎」）という言葉に集約される。なかでも「生産隊の範囲内の土地はすべて生産隊の所有に帰す」とされ、公社、大隊が生産隊の土地を占有するさいには土地占用費を支払わねばならなかった。

生産隊は土地・財産の所有権をもつだけでなく、日々の労働と収入分配の単位でもあった。生産隊の総収入から上納する農業税や生産隊への保留分を除いた残り、約六〇％が社員への分配にあてられた。これを世帯人数割り（「按需《あんじゅ》分配」)と労働点数割り▲(「按労分配」)で分配するが、前者の割合は七〇〜八〇%を占め、平均主義的色彩が濃厚であった。

このような制度的配置は、人びとの生活単位としての生産隊＝集落の意味を特殊なものにしていった。農民は親戚、近隣、友人、知合いで組成された集団のなかに自己の利益を見出すようになり、生産隊のなかに一種の「集団的な生存意識」が生まれたという。その結果、コミュニティとしての生産隊は、革命前の村落に比較して逆に閉鎖的ユニットとしての特徴を強めた。

革命以前の中国農村では、村落は二重の意味で開放的だった。すなわち、自由に村を離れられることと、村落に境界がなくたがいに飛び地(「挿花地《そうかち》」)が多いことである。もちろん、「開放的」であるからといってバラバラだったのではなく、村のなかの人びとは血縁、地縁によってたがいに結びついていた。ところが伝統のなかの地縁的要素は、公社制度のなかで強化され、新しい意義を与えられた。つまり、戸籍制度▲によって移動が制限されるとともに、農田水利建設(六四・六五頁参照)により飛び地が調整され、以前の景観が消失し、また土地が生産隊所有となり農民の私有地にたいする感情的な繋がりは薄くなった。

▼労働点数(工分)**制度**　公社時代、人びとの日々の労働量はすべて点数に換算され、年度末の分配のさいには、一年間の合計点数の多寡で分配量を決定した。個人の労働能力評価による基本点数(底分)に労働日を掛け合わせる通常の仕事(隊工)のほか、一定の点数のつく仕事単位でグループに請け負わせる仕事(班工)などがあった。

▼戸籍制度　一九五八年の「戸口登記条例」によって定められ、社会主義時代の中国の社会管理を体現したシステム。都市の「単位」に属する者が都市戸籍、農村の「人民公社」に属する者が農村戸籍を保有するものとし、それを住宅配分制度や食糧配給制度と結びつけることで、相互の移動、とりわけ農村から都市への人口流入を厳格に制限することに目的があった。

その結果、村落の境界が行政区画と完全に一致し（村落＝生産隊）、生産隊にたいする共同的な意識を生み出したのである。

生産隊のリーダーたち、すなわち「隊務委員会」は、隊長、農業隊長、副業隊長、婦女隊長、会計、出納、保管員、調停・治安保持委員、民兵排長などから構成される。彼らはいちおう、中央から地方へと連なる行政階梯の最末端を占める幹部たちであった。生産隊が「基本採算単位」であるということは、生産隊の収量が低ければ社員の収入も減り、隊ごとの格差を調整するシステムは設けないということである。一つの「運命共同体」として、生産隊の働きの優劣は、良い隊務委員会、とりわけ良い生産隊長がいるかどうかにかかっていた。生産隊長は三〇世帯ほどの社員世帯の「飯の問題」を解決することが先決であった。幹部ではあっても上級に抜擢《ばってき》されることなどめったにない。彼らの関心は主として生産にかかわることであって、政治的なパフォーマンスや駆引きには興味がなかった。

生産隊長は隊員の日常生活においても核心的な位置を占めた。子どもが病気になるなどで急に現金が必要になると、農民は公的な金融機関である信用社ではなく、生産隊から借金したという。生産隊に余力がない場合は、公社などの上級と接触して工面しようとした。その意味で生産隊長と上級とのネットワークは重要だった。革命をへて、公社時代では農村リーダーのネットワークが消滅したようにもみえるが、じつのところ、ネットワークは官僚機構の外部にではなく、内部に張りめぐらされるようになったということにすぎない。

生産隊長は、かつての郷紳《きょうしん》に比べると非常に小さな単位のリーダーであり、そのリーダーとしての根拠も普遍的な文化的権威などではなく、ただその個別のポストにのみあり、上級の指令に服従しなければならない存在であった。しかし、厳格な統制下にあったかにみえる人民公社システムのもとでも、リーダーとしての生産隊長の腕の見せ所は、小さいながらも多々、存在していた。これらを「合法的」リーダーシップと「非合法的」リーダーシップに分けてみる。合法的なリーダーシップの具体例は、(1)資金が必要なとき、海外の裕福な農民から借金する(とくに広東《カントン》や福建《ふっけん》など華僑《かきょう》の出身地の場合)、(2)穀物が必要なとき、関係の良い近隣の生産隊から借りる、(3)運輸業や都市への出稼ぎに社員を派遣するなど「集団副業」を経営するなどがある。非合法的リーダーシップについては、つぎのようなものがあった。(1)サツマイモを新しい植え方で植えることを上から強要された場合、収量が落ちるのはわかっているが、いちおうはだまってそれに従い、他の作物を勝手に植えることでリスクを軽減させる、(2)収量を見積もるさいに遠隔地の畑を面積に含めずにおき、生産量を偽る、(3)新開墾地の一部分のみを上級に報告し、検査してもらう。検査担当者と良い関係をつくるために、食事の招待や贈り物をする、(4)収穫の最中に生産量をごまかす。夜のうちに運び出して倉庫にいれる、(5)不注意を装って刈取りのさいに穀物を残しておいて、あとで集める、(6)養豚の飼料のために穀物の栽培面積をわずかずつ独自の判断でふやす。

生産隊リーダーは、上級の顔色をうかがって政治的にうまく立ちまわることには興味がないため、生存を脅かすような上級からの不合理な指令、配置には、さまざまな独自の判断をもって対処していたということができる。もっとも、生産隊独自のリーダーシップが存在した事実は、人民公社の農村管理体制がルーズであったことを示すものではない。むしろ、末端リーダーがこれほど知恵をしぼらざるをえないほどに管理が厳格であった、というべきである。

▼民兵　「生産を離脱しない」すなわち専業の軍人でない大衆の武装組織。平時はそれぞれの職業に従事しながら同時に民兵として訓練に参加する。公社時期には農民の逃亡や自由市場での売買を摘発する役割もはたした。

農田水利建設と社隊企業創設

一九六〇年代初期、土地をはじめとする主要な財産は生産隊レベルに帰属させられていたので、公社と大隊は生産隊とは対照的に、生産の側面ではたいした発言力をもつことができなかった。とくに公社は、社員が公社を離れて外地にでるさいの紹介状の発行や、戸籍、食糧切符(糧票《りょうひょう》)の管理、民兵▲の統轄など、人口管理にまつわる権限や、大隊幹部を決定する人事権をもってはいたものの、平常時はさしてやることがなかった。公社のリーダーシップは上級政権や国家の動向に大きく左右され、国家が発動した政治運動のさいには権力行使の好機とみて、発言力を強める傾向にあった。

大隊リーダーはほぼ公社の党委員会の意向で決定された。公社リーダーほどではないにせよ、生産隊の指導者に比べると、大隊の指導者は上級に抵抗しづらい立場にあった。自分自身を守るため、ときには政治の風向きを読む技術を学ばねばならなかった。また、自らの政治的な支持基盤をどこにおくか――上級政権か、大隊全体か、個別の生産隊か――を強く意識せざるをえなかった。生産隊レベルでは実務肌の「好人」(良い人)がリーダーとなることが多かったのにたいし、大隊レベルではやはり「土匪《どひ》的」な風格をもつリーダーがまじっているのも、いろいろな人間関係や派閥が入り乱れている大隊レベルの社会というのは、ある程度まで「力」で押さえていく必要があったからである。

広東省の「チェン村」生産大隊のリーダー、龍勇《りゅうゆう》と慶発《けいはつ》はそうした大隊リーダーの個性について、いきいきとしたイメージを与えてくれる。二人は大隊レベルの管理を強化し、大隊経済を発展させようとする点では見方が一致していた。しかし、二人の間柄が基本的に不和であったのは、指導力と個性の強さ、演説、記憶力、肉体労働の力など、彼らの能力と積極的な性格があまりに似かよっていたためであるという。龍勇は慶発と同様、粗野で横柄な命令のスタイル、「かんしゃく型リーダーシップ」を備えていたが、慶発と違って「そうすることが状況からみて有利なときだけかんしゃくを爆発させるという術を知っていた」。つまり、「土匪的」な風格を指導のための戦術として意識的に用いていたことになる(チャンほか『チェン村』)。

さて中国の公式的説明では、人民公社は農村の生産力の向上をもたらさず、農民の積極性を引き出せず生産効率が極めて低く、完全に失敗だったとする見

▼**「コミュニティ共有財産」の創出**
人民公社制度は高度な労働力の動員と組織化を実現した結果、コミュニティ・レベルの共有財産を生み出すことになった。写真は広東省広州市三元里人民公社社員が工事現場へ向かう直前、点呼をおこなっている場面。

方が主流を占めている。しかし、個々の農家経済レベルでみるのでなく、コミュニティ・レベルでの土地整備、水利施設、道路、集団家屋、集団企業の建設など、「共有財産」がつくりだされた▲という意味では、中国史上に例のない画期的な時代であったといえる。中国人の生き方には優れて現世主義かつ実利主義的な側面があるから、超越的・精神的な紐帯《ちゅうたい》のみで人びとがまとまるということは考えにくい。コミュニティ共有財産のように、実際に共同利益をもたらす物質的ベースがあってはじめて「まとまり」が生み出される。革命前の農村では、宗族《そうぞく》の共有財産や郷紳の私的財産を投じての「公共事業」はあったが、純粋にコミュニティを単位とした共有財産は存在しなかった。ところが農業集団化と人民公社化のプロセスでは土地・農具・家畜などの主な生産手段を集団化して「コミュニティ」の共有財産とし、さらに一九六〇〜七〇年代をつうじて共有財産は蓄積されつづけた。

　共有財産の一つは、農田と水利施設である。上海《シャンハイ》近郊のある農村では、大躍進期と文化大革命期を中心として、クリークを埋め立てての耕地造成、灌漑ポンプ小屋と水路の建設、運河拡張工事、架橋工事、農地節約のための暗渠穿鑿《あんきょせんさく》、村道建設、耕地整理などがおこなわれた(石田浩『中国伝統農村の変革と工業化』)。とりわけ一九七〇年代の「農業は大寨《たいさい》に学ぶ」運動▲はたんなる政治運動ではなく、その焦点は耕地の基盤整理にあった。前述のように、村と村のあいだに飛び地が多く存在したのを調整・整理し、不規則な形状で分散した耕地を大きな一枚にまとめて均《なら》したのである。

農田水利建設は、すべて「労働蓄積▲」と呼ばれた、農民による労働力の無償供出によって可能になったものである。その実施にあたっては、生産隊という小さな単位では荷が重すぎるので、公社や大隊がリーダーシップを発揮する格好のチャンスであった。

農田、水利施設と並ぶもう一つのコミュニティ共有財産は、人民公社後期の一九七〇年代に急速に発展した「社隊企業」である。これは、公社レベル(社)と生産大隊レベル(隊)の集団が所有・経営する企業のことを指す。

社隊企業があらわれてきた大きな背景としては、人口圧力と雇用問題があった。一九六〇年代から七〇年代にかけての農村での人口増加は著しいものだった。六五~七三年までは、六六年を除いて毎年二〇〇〇万人以上の増加がみら

▼**「大寨に学ぶ」運動**　大寨生産大隊は山西省昔陽(せきよう)県にあるモデル農村。建国初期から、リーダー陳永貴(ちんえいき)のもとで山村の厳しい自然条件を改造し生産を増大させたことから有名になり、とくに文化大革命時期(一九六六~七六)には大寨精神を学ぶことによる農業生産条件の改善運動が全国的に展開された。

▼**労働蓄積**　公共プロジェクトの実施にともなう財政支出には、本来ならば大量の人件費が含まれる。しかし人民公社システムのもとでは、すべてのプロジェクトに労働力の供出は労働点数として生産隊内の分配に繰り入れられ、労賃を公的財政から支出する必要がなくなる。本来かかるはずの費用は国家の「蓄積」として工業化のための資金として用いることができるので、これを労働蓄積と呼ぶ。

れた。七〇年は最大で二三二〇万人が増加した(ちなみに、五〇年代の年平均増加数は一三五〇万人であった)。これにより、一人当たりの耕地面積は、六五〜七八年にかけて全国平均で二六％減となった。にもかかわらず、都市への出稼ぎが許されていなかったので、農村工業化により農村内雇用をはからざるをえなくなったというわけである。農民の側からすれば「食えないので、さまざまな副業で収入増をはかる」、ということである。農村内で雇用が創り出された結果として、農業人口比は七〇年の八一％から、七八年の七一％にまで縮小した。

「農業は大寨に学ぶ」の時期には、各地で農作物の新品種の導入が進んでいる。筆者が調査をおこなった北京《ペキン》市のX村でも、一九七六年ころに優良品種が導入されて、一畝《ムー》(約六・七アール)当たりの生産高がもともとの一五〇キロから五〇〇キロほどに上昇したという。

しかしこうした生産高の上昇は自動的にもたらされるのではなく、前にみた農田水利建設ほか、各種の条件が整わなければならなかった。社隊企業の創設が提唱されたのも、農業生産の発展を促すための工業製品の需要とかかわっている。一九七〇年八月の北方地区農業会議では、周恩来《しゅうおんらい》▲の指示により社隊企業の再生を促すことが決定された。この会議は農村に農業機械修理網を建設する対策をねった会議で、農業に服務する「五小工業▲」を興すことを目的としていた。五小工業は、農機具や部品、農業機械の大量生産のための鋼材、燃料、電力や、水利建設・基盤整備のための建材需要を満たそうとするものだった。水利施設をつくる場合も自流灌漑では不十分で、井戸を掘り、揚水ステーションを設けて汲み上げることが不可欠となり、そのためには、モーター、変圧器、ディーゼルエンジン、ポンプなどが必要となった。さらに、高収穫品種に対応した化学肥料・農薬の需要にもこたえなければならない。一部の先進的な公社ではトラクターが導入されていたが、維持修理の体制が未整備だったため、「修理を主とし、部品製造もやる」県−公社−大隊三レベルの農機具整備工場が各地で設立された。

　ところで「農業に服務する」工業を、都市部にではなくわざわざ各地域の農村内部につくりだしたことはやや奇異な感じを受ける。ここには計画経済の壁が影響していたといわれる。農作物の高収量品種は、それまで以上の化学肥料

▼周恩来(一八九八〜一九七九)　浙江(せっこう)省紹興(しょうこう)出身。中国共産党の指導者、建国後の国務院総理。経済の安定的な発展を重視し、周期的に急進化した社会主義経済の舵取りに力をつくした。一九七〇年代における農業、工業、国防、科学技術の「四つの近代化」の提起は、社会主義時代から改革開放時代への橋渡しの役割をはたした。

▼五小工業　小製鉄所、小型化学肥料工場、小炭鉱、小型水力発電所、小型機械修理工場の五種類である。

や水利、農業機械化の条件を必要とした。これらの工業製品は計画された配分量が中央、省、地区の工業から供給されるが、その量は不十分であったため、これらの物資を自力で調達する必要が生じたということである。筆者の調査地の一つ、山東《さんとう》省のC村では、小麦の新品種が導入されたが、購買販売協同組合▲ではかぎられた量の化学肥料・農薬しかえられないので、大隊リーダーが個人的なコネクションに頼って物々交換で仕入れてきたという。しかし究極的な物資調達法としては、農村工業を興して必要な物資を自分でつくってしまうのが一番手っ取り早い。毛沢東《もうたくとう》時代をつうじて自給的な地域経済圏が形成されたことはよく知られているが、それは計画経済の分配制度が融通のきかないものであった事実と切り離すことができない。

以上の条件に加え、社隊企業が興るためには、公社や大隊のリーダーシップの存在と、それが発揮される余地が与えられている必要がある。一九六六年に都市を中心に発動された文化大革命や、七〇年代の「大寨に学ぶ」運動は、大隊リーダーが非農業分野での起業にイニシアティヴをとるきっかけを提供した。例えば、四川《しせん》省眉山《びざん》県白馬輔《はくばほ》郷橋楼《きょうろう》村で、一九七六年に農業機械の修理工場

▼**購買販売協同組合**(供銷社)　農民への商品供給と農産物の買付を目的として一九五〇年代に組織された協同組合。公社体制のもとでは自由市場が制限されていたので、ほぼすべての生産用具、日用品を供銷社(きょうしょうしゃ)で購入していた。現在でも肥料や農薬、その他雑貨をあつかっている。

ができるさいには、退役軍人の技術と、成都《せいと》、眉山からの下《か》放《ほう》青年▲の協力が重要な役割をはたした(Ruf, *Cadres and Kin*)。この例にかぎらず、社隊企業創設にさいし、往々にして技術・資本移転の仲介役をはたしたのは、農村に実家のある退職労働者や、下放青年、下放幹部であった。すなわち、文化大革命中に大都市で銃剣の戦闘が発生したこと、幹部や知識青年が下放をよぎなくされて農村にはいったことが、はからずも農村工業化の起爆剤になったのである。

政治運動と農村リーダー

人民公社時期のもっとも大きな政治運動は、都市を中心とした文化大革命の農村版ともいえる「四《し》清《せい》運動」(一九六四〜六五年)であった。「絶対に階級闘争を忘れるな」とのかけ声で発動されたこの運動は、「継続革命▲」の実践を呼びかけるもので、「社会主義教育運動」とも呼ばれる。その真意が崇高な階級闘争にあったか、あるいは文化大革命につながる党内闘争の下準備であったかはさておき、現場の農村リーダーの目線からみれば、この運動は、大きな厄災であった。

▼下放青年　都市の初級・高級中学や大学などから農村部の生産隊にはいり(挿隊)、長期にわたって生活した知識青年。文化大革命期の一九六八〜七八年の期間に都市で学生生活を送った世代の多くは、下放の経験者である。

▼継続革命論　「社会主義社会はかなり長い歴史的段階であり、この段階ではまだ階級、階級矛盾と、階級闘争が存在する」とする晩年の毛沢東の理論で、「階級」をたんなる経済的カテゴリーとしてとらえていない点に特徴がある。文化大革命発動の理論的基盤ともなった。

▼四類分子　地主、富農、反革命分子、悪質分子を指す。一九五七年以降の都市部ではこれに右派分子が加わり、「黒五類」と呼ばれた。写真は四清運動で批判を受ける四類分子たち。

実際のところ、各地の大隊幹部は、この期におよんでさらに「階級闘争」をおこなう必要性について疑問をもっていた。土地改革以後、「階級闘争」は人びとにとって、曖昧《あいまい》で現実感のない概念になっていたからである。かつての地主、郷紳階層が姿を消し、さらに人民公社という新しい社会主義的組織が形成され、「革命」は完了したかに思われた。「四類分子▲が反抗することなどもうありえないのに、なぜまだ階級闘争か」というのが正直なところだった。だがなんといっても毛主席が自らこの運動を呼びかけていることから、農村幹部らは心の奥底にシコリを残しながらも、この運動を理解し、新たなる試練を受けようと決心した。この「革命」を推進したのは、直接には生産にたずさわっていない公社幹部のほうで、大隊幹部、生産隊幹部らは会議のときだけ適当に調子を合わせておき、普段はいつもどおりの生産活動に精を出していた。

まもなく都市の幹部や知識人からなる工作隊がすべての農村に派遣され、運動が発動された。全国的に同じタイミングで、すべての村々に工作隊が派遣されたのは土地改革以来のことだった。政治運動自体はしばしばおこなわれていて、そうしたさいには「四類分子」がまず引き出される。政治運動にもまれる農村部を描いた謝普《シエチン》監督の映画『芙蓉鎮《ふようちん》』にも、形式的な訓話を与える幹部と、頭を垂れて深く反省しているそぶりを見せる四類分子の一場面がさらりと挿入されている。当時のある生産隊会計の回想では、妻が大地主家庭の出身なので、こうした大きな運動がやってきたさいには細心の注意をはらって「ミス」を犯さないように気をつけていた。また別の農民は、隣家のもと地主とは仲が良かったが、四清運動のために開かれた「貧下中農座談会」で、もと地主を含む四類分子を糾弾《きゅうだん》せざるをえなかったことを回想している。

運動の照準は、しだいに運動発動者の本音の部分、つまり基層幹部の過去の行動の総括に向けられていった。「四清」とは、労働点数、帳簿、倉庫、財産の四項目の再点検をおこなって不正や誤りがないかはっきりさせることである。農村基層幹部のそれまでの「経営」にかかわるさまざまな項目が厳しくチェックされた。「労働点数の点検」では、大隊幹部の労働点数が同じ労働力の他の者よりもおしなべて高いこと、「帳簿の点検」では、金を受け取っても帳簿につけるのが遅れていたり、帳簿上の現金保有額と、実際の現金が合わなかったり、物資を転売して差額をポケットにいれていた、などの問題が指摘された。

「倉庫と財産の点検」では、農業生産物資（化学肥料、農薬、種子など）は生産隊で統一的に購入し管理するが、それを持ち帰って自留地に用いる者がいることが発覚した。

いずれにせよ、農村の人びとが普段、気にもとめていないような些細なことについて、工作隊の権威のもとで「いつ」「どこで」「なにを」「どうした」などという尋問まがいの取調べを受けること自体、農村リーダーたちにとっては脂汗がにじむような体験であった。とりわけ大隊リーダーたちは土地改革や農業集団化を契機に幹部となったやり手であり、それまでも自分を政治的活動の舞台に押し上げてくれた共産党を信奉し、また自信にも満ちていたが、「四清運動」で批判を受けることによって一気に気持ちが萎《な》えてしまった。実際に辞職したり、「不正」をあばかれて失脚したりする者も多かった。引き続き政権を担当することになった者も、上級から繰り返し訪れる「革命」の波にたいして慎重な態度をとるようになった。

「チェン村」の大隊幹部である龍勇とその他のリーダーたちがこの間に学んだことは、「安全な権力行使の仕方」であった。政治運動のかくれた目的が、新たに生じつつある農村リーダーのネットワークを徹底的に制御しようとするものだということに気づいたのである。失脚した慶発のような、村内の特定の者を庇護するやり方や、みながやっていた些細な汚職行為にたいして共産党は寛大ではないということを彼らは学んだ。慶発は土匪あがりのもとゲリラとも仲がよく、解放後に与えられた税務関係の仕事を解雇され、ゲリラが村で「悪質分子」のレッテルを貼られたあとも古い友人として彼を庇護しようとした。これにたいし、龍勇は、たとえ親戚からであっても、食事の誘いなどを断り、政治運動の波のなかでも政治的地位を保ったのである（チャンほか『チェン村』）。

上と下とで板挟みとなる経験に加え、国家により発動された政治運動が大隊・生産隊リーダーへの「点検」――それを受ける側にとっては「攻撃」――を繰り返したことは、農村社会全体に政治への倦怠・虚無を生み出すことになった。こうした犠牲をはらってまで、農村で「革命」を継続せざるをえなかったのは、革命政党としての歴史的経験――「革命アプローチ」――が共産党指導部の思考様式を規定していたからである。

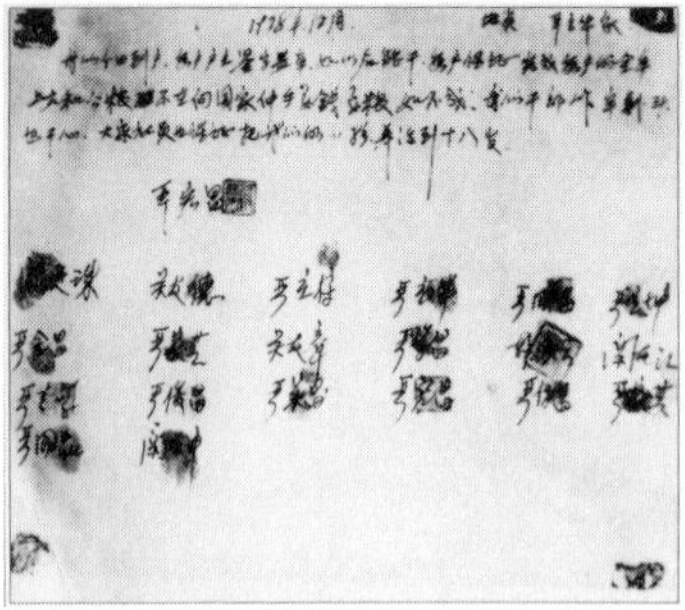

▼**農業生産責任制**　土地の所有主体である集団経済組織とその構成員である農家とのあいだで請負契約を結び、この請負契約によって農家が請負経営権（土地の使用権）を取得、これにもとづいて農家がそれぞれ請け負った農地で経営をおこなう。写真は安徽省鳳陽県小崗村で請負制に踏み切った一八世帯の農民の誓約書。メンバーのだれかにもしものことがあったさいには、他のメンバーが残された家族の面倒をみるという内容である。

⑤—多元化する改革期の農村リーダー

リーダーシップの地域差

人民公社は一九八〇年代の初頭、全国的に廃止される。計画経済の壁が取り払われると、それまでわずかしかなかった自由の隙間が拡大し、改革開放期には、農村の発展に地域のリーダーシップがより大きく影響するようになった。すなわち沿海農村や都市近郊農村において、自由の隙間を存分に利用して郷《きょう》・鎮《ちん》や村全体の発展を導く農村リーダーの存在感が顕著になる一方で、内陸農村の多くの地域ではリーダー不在による農村の活力衰退の問題がめだちはじめた。

人民公社の解体は、貧困地域の農民側からの要求で、なし崩し的に発生したものであって、共産党中央の指導によるものではない。安徽《あんき》省鳳陽《ほうよう》県小崗《しょうこう》村が全国で最初に「農業生産責任制▲」を実施したさいには、同地域の幹部たちは公社体制に「反逆」するという政治的リスクを負っていた。失敗すると首が飛ぶし、たとえ成功してもやはり首が飛ぶかもしれない。貴州《きしゅう》、四川《しせん》、内蒙古《もうこ》などの貧困地区での請負制導入への改革もなし崩し的な展開であり、党は先行する実態を「追認」したのみであった。しかしいったん認められると、こんどは生産責任制の導入と公社組織の廃止が農村政策の「主流」を占めるようになり、今度は中央から地方へと指令がおろされることになった。

解体後は、もとの公社レベルが「郷」あるいは「鎮」政府に、生産大隊が「村民委員会」に、生産隊が「村民小組」へと名称変更するとともに、公社時代に蓄積された「共有財産」の分割をおこなった。一つは、生産責任制の導入にともなって、それまで生産隊全体で所有して集団で耕作していた農地の各世帯への分配である。ただし「分配」といっても、所有権と使用権を分離したうえで、「使用権」のみを農家に分配(家族の人数、あるいは労働力数による)したところに特徴があり、農民的土地所有を実現した建国期の土地改革とは大きく異なる。▲

財産分配のさい、もともと豊かな地域の場合は、集団が引き続き使用・経営する土地として「機動地」(予備の保留地)や「承包地」(リース用の保留地)を残して運用した。とくに人民公社時代に操業された社隊企業は、集団の財産として残った。対照的に、貧困な農村であればあるほど、全村の土地を徹底的に分配

▼**耕地の所有主体**　所有権の主体となった「集団」は、村民委員会と村民小組の二つのレベルである。あるサンプル調査によれば、村民委員会の所有としたものが四〇%、村民小組の所有が四五%、両方による所有が一五%だった。

王洪彬

してしまう傾向があった。とりわけ耕地の希少な山岳地帯の村では、耕地を分けてしまったあとは、村・小組レベルの集団財産はほとんどゼロとなった。じつはこうした地域では、公社時代においても社隊企業はほとんど発展していなかったのである。全体としてみれば、公社時代の共有財産が大きく減少したことはまちがいなく、国家統計局の一九九三年末の調査では、全国の村民委員会の保有する資金額の平均は、村民一人当たりわずか一四一・九一元（日本円で二〇〇〇円強）でしかなかった。

こうして集団経済が崩壊することで、公社時代にはおおいかくされていたコミュニティの地域間格差が表立ってあらわれてきた。沿海・都市近郊農村では、より多くの共有財産を元手とした「経営型リーダー」の成長が顕著である。いわば「革命の遺産」としての集団資産の管理と運用の権限は、各地域の農村幹部たちの手中にあり、したがって沿海農村の幹部らはこの資産を存分に運用し、村落経済のパイを拡大していくことができたからである。

全国的に知れわたった「名村」である江蘇省《こうそ》華西村《かせい》や河南省《かなん》南街村《なんがい》は、バイタリティあふれる初代経営者によって集団経営を飛躍的に成長させたことから

志在黑土写辉煌 靓马驮来致富村

村党支部書記の写真が掲載された新聞

名を知られるようになった事例である。南街村の王洪彬《おうこうひん》は、コミュニティ共有財産である村営企業を発展させた、起業家精神に富む改革開放期の典型的な農村リーダーである。四二〇〇万元（約六億円）を投資してのインスタントラーメンと鍋巴（中華おこげ）の企業設立にあたって、北京のエンジニアをつうじて日本の食品会社と連絡をとり、代表を村に呼んで協商をおこなうなど、旧来の村幹部とはかけ離れた経営者ぶりを発揮している。他方で投資決定にいたる過程は、少数の村リーダーの活躍と専門家のイニシアティヴであり、村民はほとんど参与していない（項継権『集体経済背景下的郷村治理』）。

成功による収益の拡大は、コミュニティの公共的事業の実施に再投資され、村レベルで高水準の福祉が実現されている事例も多い。こうした「名村」の発展ぶりが中国国内のメディアなどで紹介されるさいには、豪華な村のオフィスビル、村営企業の生産品、村民が住むマンション式の建物群、村の公園風景などと並んで、精力的な面構えで執務室の椅子に腰掛けた村党支部書記の姿が掲載されていることが多い。リーダーの「顔」が村の「顔」ともなることがそこに象徴的に示されている。

税費改革前の「農民負担」の種類

(1) 農業税・農業特産税		
(2) 村提留	管理費	村幹部と村民小組長への補助，村組織の事務経費，村公務接待費用
	公積金	水利，道路，橋梁などの建設費など
	公益金	五保戸（生活保護世帯），軍属烈士家族の福利・保障，村営学校教師の給料
(3) 郷統籌	郷・村の学校経営費	
	計画生育費	
	優撫	
	民兵訓練	
	公共事業	
(4) 義務労働		植林・造林，防災工事，道路建設，校舎の修理など
(5) 各種費用，割当金，罰金など		

しかしこんにち、広大な中国大陸に散らばる大部分の村には、それほどまでに強烈なリーダーの「顔」は見られなくなっている。公社解体直後、全国の農村には束縛から解き放たれた楽観的なムードが流れていた。一九八〇年代前半の段階では、「やればやっただけ儲かる」請負制のおかげで農民の生産にたいする積極性は刺激され、生産高は急速に上昇したのである。この時期の農業生産の伸びは、人民公社時代の「貯金」すなわち労働蓄積による生産基盤の整備があったからだといわれている。

ところが一九八〇年代の後半になると、農村改革の失速があらわれると同時に、「農民負担」の問題がしばしば言及されるようになった(上表参照)。どういうことかといえば、公社という中間集団の解体により、国家と農民の関係は、国家が「集団」を媒介することなく、直接的に個別農家と向き合うような、いわば土地改革前の状態にもどってしまったわけである。公社時代にも当然、農民はさまざまな「負担」をしいられていたのだが、集団経営というフィルターによりおおいかくされていた。それがこの時期になると、国家の諸税を含む「負担」は直接、農民から徴収されるかたちになった。そして基層幹部はこの不人気な仕事を国家のために代行するため、しばしば農民と小競合いを展開するようになり、そこではじめて農民負担が「問題」として顕在化したのである。九〇年の「農民負担を適切に軽減することについての国務院の通知」は、合法的な農民負担について、郷鎮と村の収入源となる⑵提留《ていりゅう》と⑶統籌《とうちゅう》の合計が農民の純収入の五％をこえてはならないとしていた。

「農民負担問題」は、発展した沿海・都市近郊農村やさきにみた南街村のような村では発生していない。これらの農村では、豊富な共有財産からの収入でさまざまな事業がおこなわれ、⑵や⑸の徴収が不必要であるばかりか、⑴農業諸税や⑶統籌さえも集団が肩代わりして上納していた。これにたいし、共有財産がない内陸の丘陵、山岳地帯の農村の場合、集団の活動は、農民からの資金徴収、とくに使途に制限のない⑸各種「費用」「割当金」「罰金」などに頼るしかない。これは郷鎮幹部や村幹部の側からすれば理にかなったことであるが、実際にそれをやろうとすると農民の抵抗にぶつかる。農民は、幹部たちの行為を自らの利益の侵害であると感じ、村民にたいしてなんの利益も生み出さないばかりか、諸経費を取り立て、家計を圧迫する存在としてとらえ、ときには両者のあいだで暴力沙汰が発生することもあった。一九八〇年代の後半から基層幹部と大衆の軋轢《あつれき》、衝突が問題となったことの背景には、制度的・経済的環境の変化にともなう、農村リーダーシップの空洞化がからんでいたのである。

村民自治と税費改革

「村民自治」や「税費改革」など、一九八〇年代後半以降の共産党の農村政策が、歴史的な文脈から説明されることはほとんどない。しかし二十世紀中国の革命と農村の関係を見渡してきたわれわれは、そこに通底する、革命政党としての共産党のある種の「危機意識」ないしは「警戒心」の存在を読み取ることは困難ではない。

沿海農村の「経営者」に必要なのは、とりわけ外部とのネットワークを利用して資金を動員する力である。しかし、党にとって、勢いをます農村リーダーのネットワークは、ときとして危険なものに映った。また内陸農村の農民負担の問題は、そもそも、財政配分▲をめぐる構造的な要因によるものであったが、これも共産党上層部の目から見れば、基層幹部らが地方ボスとなって恣意《しい》的な

▼**財政配分の問題**　中国の地方行政単位には、日本の地方税に相当する独自の税源が存在しないうえ、貧困地域に富の再分配をおこなう財政再配分システムが形成されてこなかった。とくに末端に近い郷鎮レベルと村レベルの活動は、すべて「自力更生」による資金獲得に依存しており、住民から資金徴収をおこなうことはそのもっとも手っ取り早い方法であった。

選挙の様子　全国村民自治模範県である河南省許昌県のある村での村民委員会選挙。

資金徴収をおこなったために引き起こされているようにみえたのである。

こうした「危機感」を背景に、中央政府によって提唱されたのが「村民自治」の諸制度であった。農村幹部、とりわけ村幹部の行動を村民自身の力で制御し、それをつうじて村民の参与による村落運営をめざす運動が村民自治である。村民自治の目標とするところは、一九八八年に試行され、九八年に正式採択された「中華人民共和国村民委員会組織法」のなかに掲げられている。核心的な意義をもつのは、十八歳以上の村民による直接選挙で村民委員会主任および委員を選出すると規定したことである。つまり、仕事ぶりに大きな問題さえなければ長期在任が可能であった人民公社時期とは異なり、少なくとも三年に一度、選挙によってリーダー交替の可能性が持ち込まれたのである。

さらに「組織法」には「村務公開制度」による情報公開、村政治・行政の透明化が謳われている。村民委員会は以下の項目について定期的に、とりわけ財務にかかわる事項は少なくとも六カ月に一度は公布し、村民の監督を受けなければならないとされる。その重要な内容としては、⑴「郷統籌」（内容については七八頁の表参照）の徴収方法、「村提留」（同）の徴収方法と使用状況、⑵本村で勤務手当を享受する人員の人数と補助の基準、⑶村の集団経済からの収益の用途、⑷村営学校、村道など村の公益事業経費の調達方法、⑸村の集団経済プロジェクトの立案、請負案、村公益事業の建設請負案、⑹村民の請負経営の案、⑺宅地の使用方法などで、村の公共事業にかかわる共有財産の運用や資金調達にかかわるものである。

村民の直接選挙や村民への情報公開をつうじた「基層民主の推進」の裏側にある重要な目的とは、村民の力を借りた現職村リーダーの監督ということにある。村幹部と少数の関係者内部のみで共有されている事業資金の調達法や使用法、共有財産の請負先などの実態にかんする情報を村民がえることは、そこに作用している幹部の私的ネットワークの作用をおのずと制限することになる。人民公社時代の革命的色彩の強い「政治運動」とはずいぶんと肌合いが異なっているようだが、結果的に農村リーダーの制御と交替可能性をもたらすという意味で、村民自治は共産党の「革命アプローチ」としての連続性がみられる。

近年「三農問題▲」が重視されるなかで、とくに農民負担の問題にからんで、村民自治や上訪《じょうほう》▲など一般村民の行動に依拠するのではなく、税制の改定措置に

▼三農問題　農業・農村・農民が直面している諸課題を指す。農民負担問題と同様に、中国社会全体のなかで農民が社会経済的弱者となっているとの認識にもとづき、一九九〇年代後半以降、中央政府の政策の重点がふたたび都市から農村に移ってきている。

▼上訪　郷鎮幹部や村幹部を相手どった農民の直訴行動で、法令により合法的なものとして認められている。訴える相手よりも上級の政府に陳情するのがふつうで、近年では地方政府による農地収用にからんだトラブルが原因となるケースが多い。

より農村リーダーを制御しようとしたのが、「税費改革」である。農村リーダーが従来、「三提五統」（三種類の村堤留と五種類の郷統籌、すなわち七八頁の表の(2)(3)、各種費用、割当金（同表の(5)など予算外のかたちで村民から資金調達をおこなってきたルートそのものを「存在しないもの」として「封鎖」したラディカルな改革である。

　中央政府が安徽省の農村改革実験区で既存の農業諸税と課徴金を農業税に一本化するテストケースを開始したのは、一九九四年のことである。その後九九年には、農民負担の軽減、税金などの徴収基準と使途の明確化などを目標とする税費改革案が全国人民代表大会（国会に相当）によってまとめられた。二〇〇〇年四月には、中国共産党中央と国務院が、安徽省全域および一部の県での税費改革の試行を決定した。

　安徽省での税費改革は、「三つの撤廃、二つの調整、一つの段階的撤廃、一つの改革」にまとめられる。(1)「三つの撤廃」とは、「生猪屠殺《とさつ》税」「郷鎮統籌」「農村教育付加費」などの地方政府徴収費用の撤廃であり、(2)「二つの調整」とは「農業税」と「農林特産税」の総合的調整（(1)での費用削減の代償としての引上げ)、(3)「一つの段階的撤廃」とは「労働積累工」「義務工」(無償での労働力供出)の段階的撤廃である。(4)「一つの改革」として、「村提留」を「農業税」と「農林特産税」に上限二〇％の付加税をかけて調達する。

税費改革以前、村レベルからは毎年一二〇〇億元以上が徴収されてきており、そのうち税が三〇〇億元、「三提五統」が六〇〇億元、その他の各種費用が三〇〇億元であった。改革以後、徴税額は三〇〇億から五〇〇億元に増加し、中央からも二〇〇～三〇〇億元が投入されるが、やはり郷鎮と村にとっては収入減を意味する。のみならず、税費改革が全国的に展開されてまだ日も浅い二〇〇五年末をもって、農業税そのものが全国的に廃止▲されることになった。つまり農業税の付加税のかたちでの費用徴収の道も閉ざされたのである。

こんにちでは、農村リーダーがコミュニティ発展のために公益事業をおこなうさいにも、勝手な費用の徴収は許されなくなっている。どうしても徴収が必要な場合は、「一事一議▲」の手続きをへることが義務づけられている。幹部らが自らの懐を肥やすためのプロジェクトではなく、真に「民意」によるものであることをあらゆる手段で外部、とくに上級政府にアピールする手続きがリー

▼農業税の廃止　二〇〇四～〇五年にかけて全国各地で進行した。〇四年までに農業税を廃止した省は八、〇五年六月までに廃止した省は一九にのぼっていたが、ついに〇五年十二月二十九日、全国人民代表大会常務委員会は、〇五年末で一九五八年施行の「農業税条例」を廃止する決議を反対ゼロで採択した。

▼一事一議　使途を明らかにせず統一的に費用を徴収するのではなく、プロジェクトごとに村民会議での話合いをへて徴収額、徴収方法などを決定するやり方。しかしその場合の徴収額も、安徽省のテストケースでは年間一人当たり一五元(日本円で七五円ほど)をこえないものとされた。

ダーたちに要求されているのである。しかし実際は、そうした煩雑さにたえられず、結局はなにもしない（できない）「リーダー」が増殖しつつあるのが昨今の現状であろう。

発展と制約――中国農村革命の遺産

ここまでみてきて気づかされるのは、中国の農村社会というのは、二十世紀の「革命」によって現在ある姿に創り上げられてきたということだ。そこには「発展」と「制約」という両面が含まれていた。

中国革命は、一面では、農村社会の「発展」をもたらした。かつて、近代化以前の農村に生きた郷紳《きょうしん》らは、なにか新しい価値を「創り出す」というよりは旧来からの秩序を「維持する」ことをめざした人びとであった。ところが革命は、農村社会の旧体制をいったん破壊したうえで、中国社会の地中奥深くで眠っていたエネルギーを掘り起こし、それ以後の農村発展を担う人材を大量に養成した。土地革命から集団化にいたる運動のリーダーは、郷紳がかね備えていなかった大胆さと創造力で、新しい社会主義国家と集団とに一体感をもちながら、農村コミュニティの指導者となっていった。農村を重要な基盤とした中国革命、中国社会主義は、こうした無数の、若い生命力にあふれた末端リーダーたちを必要とし、育てつづけているのである。

中国革命の歴史は、同時に、農村の新しいエネルギーにたいする「制約」の歴史でもあった。繰り返しみてきたように、革命当局は農村リーダーを新たに見出し、農村発展の担い手として養成しながらも、末端の彼らがその力を自由に発揮することにはつねに警戒心を怠らなかった。土地改革に引き続くさまざまな政治運動から近年の村民自治にいたるまで、革命政党に出自をもつ中国共産党の思考様式は、過去と現在を結びながら脈々と流れている。

こうして発展と制約の二重変奏こそが、中国農村革命の実態であり、農村発展と農村統治の「今」を規定しつづけている「革命的遺産」なのである。われわれが中国革命の歴史を学ぶことのおもしろさは、農村の今にどう向き合い、どう解釈するか、その眼差しにともなってくるある種の「緊張感」に深くかかわっている。

20世紀中国の革命と農村をめぐる略年表

1894	孫文がハワイで興中会を設立。
1900	義和団事件発生。
1904	科挙が廃止される。
1908	欽定憲法大綱が公布される。
1909	各省に諮議局が設置される。
1911	辛亥革命，中華民国成立。
1917	山西の袁錫山が「区村制度」を実施。
1919	五四運動。
1921	中国共産党成立。
1924	第一次国共合作始まる。
1927	蔣介石の「四・一二」クーデタにより国共合作が分裂，共産党は農村根拠地を形成。紅軍が三湾改編をおこなう。
1928	国民党が全国を統一。共産党，井崗山土地法公布。
1931	国民政府，江西において「保甲制度」導入。
1934	国民政府，「保甲制度」を全国に拡大。紅軍，「長征」に出発。
1935	遵義会議。
1936	西安事変発生。
1937	盧溝橋事件，第二次国共合作成立。
1942	共産党，延安で整風運動開始。
1945	抗日戦争終結。
1947	共産党，解放区において「中国土地法大綱」を公布，土地の徹底均分を進める。
1949	中華人民共和国成立。
1950	中国，朝鮮戦争に参戦。「剿匪」の展開。「土地改革法」による新解放区土地改革開始。
1953	食糧の統一買付，統一販売制度が導入される。
1955	農業集団化運動の加速，高級合作社が全国的に成立する。
1958	大躍進，人民公社化運動始まる。「中共中央の農村で人民公社を設立する問題についての決議」「中華人民共和国農業税条例」公布。
1959	廬山会議開催，反右傾闘争開始。
1962	「農村人民公社工作条例（修正草案）」（農業60条）採択，生産隊が基本会計単位に。
1963	「目前の農村工作における若干の問題についての決定」，通称「前十条」が農村にあらわれた「厳重・先鋭な階級闘争」を指摘。
1964	農村で「四清運動」開始。
1966	文化大革命開始。
1970	北方地区農業会議開催，「五小工業」を中心とする社隊企業の促進を決定。
1978	共産党十一期三中全会開催。
1984	「社隊企業」を「郷鎮企業」に改称。個人営業，共同組合企業をも統計に含める。
1985	人民公社が全国的に解体，共有財産の分割，郷鎮政府を樹立。
1987	「中華人民共和国村民委員会組織法（試行法）」3年に一度の村長選挙を導入。
1988	郷鎮企業創設ブーム始まる。しかし90年代前半，郷鎮企業は軒並み不振，多くは倒産。
1990	「農民負担を適切に軽減することについての国務院の通知」，合法的な農民負担の範囲について規定。
1998	「中華人民共和国村民委員会組織法」施行。
2000	安徽省などで税費改革の試行
2005	「中華人民共和国農業条例」廃止，農業税を完全撤廃。

参考文献

秋山良照『中国土地改革体験記』(中公新書)中央公論社　一九七七年
天児慧『中国革命と基層幹部』研文出版　一九八四年
石田浩編著『中国伝統農村の変革と工業化――上海近郊農村調査報告』晃洋書房　一九九六年
内山雅生『現代中国農村と「共同体」――転換期中国華北農村における社会構造と農民』御茶の水書房　二〇〇三年
祁建民『中国における社会結合と国家権力――近現代華北農村の政治社会構造』御茶の水書房　二〇〇六年
阮雲星『中国の宗族と政治文化――現代「義序」郷村の政治人類学的考察』創文社　二〇〇五年
小島麗逸編『中国の都市化と農村建設』龍渓書舎　一九七八年
小竹一彰『国共内戦初期の土地改革における大衆運動』アジア政経学会　一九八三年
小林弘二『二〇世紀の農民革命と共産主義運動』勁草書房　一九九七年
佐々木衞編・解説、南裕子訳『中国の家庭・郷村・階級』文化書房博文社　一九九八年
嶋倉民生・中兼和津次編『人民公社制度の研究』アジア経済研究所　一九八〇年
首藤明和『中国の人治社会――もうひとつの文明として』日本経済評論社　二〇〇三年
聶莉莉『劉堡――中国東北地方の宗族とその変容』東京大学出版会　一九九二年
孫江『近代中国の革命と秘密結社――中国革命の社会史的研究(一八九五〜一九五五)』汲古書院　二〇〇七年
高橋伸夫『党と農民――中国農民革命の再検討』研文出版　二〇〇六年

橘樸『支那社会研究』日本評論社　一九三六年
田中恭子『土地と権力——中国の農村革命』名古屋大学出版会　一九九六年
田原史起『中国農村の権力構造——建国初期のエリート再編』御茶の水書房　二〇〇四年
田原史起「中国農村政治の構図」天児慧・浅野亮編著『中国・台湾』ミネルヴァ書房　二〇〇八年
アニタ・チャンほか（小林弘二監訳）『チェン村——中国農村の文革と近代化』筑摩書房　一九八九年
張文明『中国村民自治の実証研究』御茶の水書房　二〇〇六年
陳桂棣・春桃（納村公子・椙田雅美訳）『中国農民調査』文藝春秋社　二〇〇五年
中生勝美『中国村落の権力構造と社会変化』アジア政経学会　一九九〇年
中村則弘『中国社会主義解体の人間的基礎』国際書院　一九九四年
福本勝清『中国革命を駆け抜けたアウトローたち』（中公新書）中央公論社　一九九八年
三谷孝ほか『村から中国を読む——華北農村五十年史』青木書店　二〇〇〇年
山本秀夫・野間清編『中国農村革命の展開』アジア経済研究所　一九七二年
李昌平（北村稔・周俊訳）『中国農村崩壊——農民が田を捨てるとき』日本放送出版協会　二〇〇四年
Chow Yung-teh, *Social Mobility in China : Status Careers among the Gentry in a Chinese community*, New York, Atherton Press, 1966.
Esherick Joseph W. and Mary Backus Rankin (eds.), *Chinese Local Elites and Patterns of Dominance*, Berkeley, University of California Press, 1990.

Friedman, Edward, Paul Pickowicz and Mark Selden, *Chinese Village, Socialist State*, New Haven, Yale University Press, 1991.

Friedman, Edward, Paul Pickowicz and Mark Selden, *Revolution, Resistance, and Reform in Village China*, New Haven, Yale University Press, 2005.

Huang Shu-Min, *The Spiral Road: Change in a Chinese Village Through the Eyes of a Communist Party Leader*, second ed., Boulder, Westview Press, 1998.

Oi, Jean C., *State and Peasant in Contemporary China: Political Economy of Village Government*, Berkeley, University of California Press, 1989.

Ruf, Gregory A., *Cadres and Kin: Making a Socialist Village in West China, 1921–1991*, Stanford, Stanford University Press, 1998.

図版出典一覧

Harrison, H., *The Man Awakened from Dreams*, Stanford University Press, 2005	23
王振耀・白鋼・王仲田主編『中国村民自治前沿』中国社会科学出版社　2000	81
『図片中国百年史　上　1894-1949』山東画報出版社　1994	15下, 33, 34
『図片中国百年史　下 1949-1994』山東画報出版社　1994	扉, 36, 39上, 43, 55, 70左, 74
中国老区建設促進会編『中国革命老区』中共党史出版社　1997	39中右, 中左
ビリングズリー、フィル（山田潤訳）『匪賊　近代中国の辺境と中央』筑摩書房　1994	27
宮崎市定『科挙史』（東洋文庫 470）平凡社　1987	9
劉倩『南街社会』上海世紀出版集団　2004	76
『老照片　第１輯』山東画報出版社　1996	70右
『老照片　第５輯』山東画報出版社　1998	41
『老照片　第７輯』山東画報出版社　1998	64
『老照片　第９輯』山東画報出版社　2006	39下
『老照片　第36輯』山東画報出版社　2004	15上
CPC 提供	カバー表
著者提供	4

世界史リブレット⑫④

二十世紀中国《にじっせいきちゅうごく》の革命《かくめい》と農村《のうそん》

2008年４月30日　1版1刷発行
2019年９月15日　1版3刷発行

著者：田原史起《たはらふみき》

発行者：野澤伸平

装幀者：菊地信義

発行所：株式会社 山川出版社

〒101-0047　東京都千代田区内神田１-13-13
電話　03-3293-8131(営業)　8134(編集)
https://www.yamakawa.co.jp/
振替　00120-9-43993

印刷所：明和印刷株式会社

製本所：株式会社 ブロケード

 ISBN978-4-634-34962-9

世界史リブレット　第Ⅲ期［全36巻］

〈白ヌキ数字は既刊〉

93 古代エジプト文明 —— 近藤二郎
94 東地中海世界のなかの古代ギリシア —— 岡田泰介
95 中国王朝の起源を探る —— 竹内康浩
96 中国道教の展開 —— 横手　裕
97 唐代の国際関係 —— 石見清裕
98 遊牧国家の誕生 —— 林　俊雄
99 モンゴル帝国の覇権と朝鮮半島 —— 森平雅彦
100 ムハンマド時代のアラブ社会 —— 後藤　明
101 イスラーム史のなかの奴隷 —— 清水和裕
102 イスラーム社会の知の伝達 —— 湯川　武
103 スワヒリ都市の盛衰 —— 富永智津子
104 ビザンツの国家と社会 —— 根津由喜夫
105 中世のジェントリと社会 —— 新井由紀夫
106 イタリアの中世都市 —— 亀長洋子
107 十字軍と地中海世界 —— 太田敬子
108 徽州商人と明清中国 —— 中島楽章
109 イエズス会と中国知識人 —— 岡本さえ
110 朝鮮王朝の国家と財政 —— 六反田豊
111 ムガル帝国時代のインド社会 —— 小名康之
112 オスマン帝国治下のアラブ社会 —— 長谷部史彦
113 バルト海帝国 —— 古谷大輔
114 近世ヨーロッパ —— 近藤和彦
115 ピューリタン革命と複合国家 —— 岩井　淳
116 産業革命 —— 長谷川貴彦
117 ヨーロッパの家族史 —— 姫岡とし子
118 国境地域からみるヨーロッパ史 —— 西山暁義
119 近代都市とアソシエイション —— 小関　隆
120 ロシアの近代化の試み —— 吉田　浩
121 アフリカの植民地化と抵抗運動 —— 岡倉登志
122 メキシコ革命 —— 国本伊代
123 未完のフィリピン革命と植民地化 —— 早瀬晋三
124 二十世紀中国の革命と農村 —— 田原史起
125 ベトナム戦争に抗した人々 —— 油井大三郎
126 イラク戦争と変貌する中東世界 —— 保坂修司
127 グローバル・ヒストリー入門 —— 水島　司
128 世界史における時間 —— 佐藤正幸